彭水苗族土家族自治县职业教育中心

彭水民俗与乡村旅游概论

张婷婷 著

中国纺织出版社有限公司

图书在版编目（CIP）数据

彭水民俗与乡村旅游概论／张婷婷著 . -- 北京：中国纺织出版社有限公司，2020.7

ISBN 978-7-5180-6899-9

Ⅰ. ①彭… Ⅱ. ①张… Ⅲ. ①风俗习惯—彭水县—中等专业学校—教材②乡村旅游—导游—中等专业学校—教材 Ⅳ. ①K892.471.94②F590.63

中国版本图书馆CIP数据核字（2019）第237711号

责任编辑：姚　君　　责任校对：江思飞　　责任印制：储志伟

中国纺织出版社有限公司出版发行

地　　址：北京市朝阳区百子湾东里A407号楼　邮政编码：100124

销售电话：010—67004422　传真：010—87155801

http://www.c-textilep.com

中国纺织出版社天猫旗舰店

官方微博http://weibo.com/2119887771

佳兴达印刷（天津）有限公司印刷　各地新华书店经销

2020年7月第1版第1次印刷

开　本：710×1000　1／16　印张：12.5

字　数：160千字　定价：40.00元

凡购本书，如有缺页、倒页、脱页，由本社图书营销中心调换

前言

　　本书着眼于学生职业生涯发展和职业素养培养，着力发挥该课程在提高职业教育人才培养质量方面的关键环节作用，以促进彭水地方旅游专业人才系统化的培养。作为为彭水当地的行业和企业输送人才的职业院校，如何培养职业感强、具有服务精神的专业人才成为当今中等职业教育的重要课题，教材又是其中的重中之重。本书详细地讲述了彭水当地的景点及各个进景点的民俗文化活动，使学生对彭水当地各个景区及民俗文化有深入的了解。近几年彭水苗族土家族自治县旅游业得到飞速发展，因此需要大量的导游从业人员。成为一名出色的导游是很多年轻导游心中的梦想，然而，导游服务又是一项高智能、高技能的服务工作，所以光凭满腔热血无法向游客提供高质量的导游服务。因此，本教材立足于学习者实际职业能力的培养，编写思路采用了富有弹性的景点导向的教材结构设计，强调模块学习和任务驱动。每个任务通过景点介绍、文化活动、技能训练等环节诠释地陪导游服务的操作流程，让学生带着真实的任务学习，在完成具体任务的过程中获得真正的职业能力，提高理论认知水平及实际操作技能。本教材具有以下特色：

　　一是充分吸收先进理论。我国虽然拥有丰富的旅游资源，但旅游服务是我国由旅游大国向旅游强国迈进的重要因素，本教材借鉴了国内有关导游业务方面的诸多教材作者的思想和观点，能够很好地为我国导游队伍的发展和完善起到借鉴作用。

　　二是介绍大量典型彭水特色文化。可以让学习者在今后的彭水地方导游生涯中，少走弯路，多长见识，丰富导游经验，这对于即将从事彭水当地导游职业的学习者来说是非常有价值的。

　　三是重视实践能力培养。重视理论知识与实践操作的一致性，根据导游学科特点和中职学生特点，本次编写灵活编辑了"拓展与提高""技能训练"等多个栏目，特别是"技能训练"栏目中增加了大量在学习和工作中会经常用到的实训内容和实训考核标准，引导学生积极思索，乐于实践，以方便老师教学和学生实训。充分体现"做中教、做中学"的特点，理论与实践一体化，实训实践教学环节设计科学合理。坚持以能力为本位，重视实践能力的培养，突出职业教育特色。根据导游服务工作实践需要，确定了合理的实践教学内容，满足企业对于导游人才的要求，提高导游队伍的整体素质。

四是以人为本，教学贴合实际。教材突出以人为本的编写理念，本着"够用""实用"原则，大量减少了理论阐述的篇幅。教材从标题名称的拟定、教学内容的排序和实践案例导入，都以学生乐学为宗旨，贴合学生的认知规律和企业的用工标准，贴近教学实际。

本教材以实用、够用、形象、直观为出发点，力求提高学习者处理问题、解决问题的能力。本教材从目标定位、教材内容的筛选、教材结构的设计、教材素材的选择等方面都得到了周兴茂教授的悉心指导，可以说是在周兴茂教授先进的教学理论下完成了本书的编写，在此表示衷心感谢！

由于时间和水平所限，教材难免存在缺点和错误，诚恳希望广大读者指正，以便今后及时修改。

作者

2020 年 4 月

目录

第一章　概论	/ 001
第二章　民俗文化游——彭水县城与苗族九黎城	/ 016
第一节　彭水县城与苗族九黎城民俗文化活动	/ 016
第二节　彭水县城与苗族九黎城导游服务	/ 022
第三章　苗家风情游——鞍子苗寨	/ 033
第一节　鞍子苗寨景点简介	/ 033
第二节　鞍子苗寨民俗文化活动	/ 038
第三节　鞍子苗寨导游服务	/ 042
第四章　民俗生态游——周家寨	/ 050
第一节　周家寨景点简介	/ 050
第二节　周家寨生态文化活动	/ 054
第三节　周家寨乡村景点导游服务	/ 058
第五章　乡村民俗养生游——摩围山	/ 065
第一节　摩围山景点简介	/ 065
第二节　摩围山民俗文化活动	/ 072
第三节　摩围山导游服务	/ 079
第六章　乡村民俗历史文化游——郁山古镇	/ 086
第一节　郁山古镇简介	/ 086
第二节　郁山古镇民俗文化活动	/ 090
第三节　郁山古镇导游服务	/ 095

第七章　民俗画卷游——凤凰花海　　　　　　　　/ 103
　第一节　凤凰花海景点简介　　　　　　　　　　　/ 103
　第二节　凤凰花海民俗文化活动　　　　　　　　　/ 107
　第三节　凤凰花海乡村景点导游服务　　　　　　　/ 111

第八章　民俗惬意游——长生油菜花海　　　　　　/ 114
　第一节　长生花海景点简介　　　　　　　　　　　/ 114
　第二节　长生花海民俗文化活动　　　　　　　　　/ 118
　第三节　长生油菜花海乡村景点导游服务　　　　　/ 123

第九章　乡村民俗山水游——乌江画廊　　　　　　/ 126
　第一节　乌江画廊简介　　　　　　　　　　　　　/ 126
　第二节　乌江画廊民俗文化活动　　　　　　　　　/ 130
　第三节　乌江画廊导游服务　　　　　　　　　　　/ 133

第十章　彭水非物质文化遗产　　　　　　　　　　/ 140
　第一节　彭水非物质文化遗产简介　　　　　　　　/ 141
　第二节　彭水国家级非物质文化遗产　　　　　　　/ 142
　第三节　彭水市级非物质文化遗产　　　　　　　　/ 150
　第四节　彭水县级非物质文化遗产　　　　　　　　/ 174
　第五节　彭水非物质文化遗产的保护与传承　　　　/ 186

参考文献　　　　　　　　　　　　　　　　　　　/ 193

第一章　概论

一、彭水历史沿革与民族现状

彭水，位于重庆东南乌江下游，与重庆市武隆、酉阳、黔江及贵州沿河、务川比邻，自古以来就是黔东北和渝东南的政治、经济、文化中心。彭水自治县幅员面积3903平方公里，辖3街道18镇18乡。常住人口49.82万人。有汉族、苗族、土家族、蒙古族、侗族等12个民族，是重庆市唯一以苗族为主的少数民族自治县，中国苗族人口最多的区县。古老的"黔中文化"、神秘的流放文化、地域特色的宗教文化，对地区经济社会发展有重要影响，堪称乌江流域历史文化的缩影。认真挖掘、整理和研究彭水的历史文化，大力打造彭水文化品牌，让人了解彭水、向往彭水、欣赏彭水，对推动彭水经济文化旅游无疑具有十分重要的意义。

（一）彭水"黔中文化"

彭水历史悠久。早在春秋战国时期，这里就诞育了巴蜀最古老的"黔中文化"。汉建元元年（公元前140年）在今郁山镇置涪陵县，北周置黔州费县。隋开皇十三年（公元593年）置彭水县。唐置黔中道于此，并置黔州，彭水成为今渝、黔、湘、鄂接合部，政治、军事、经济、文化中心，为中央政权对西南边陲中部约30万平方公里地区少数民族实行羁縻统治的据点，一直延续到南宋末年。唐、宋两朝，中原纷乱，而黔州独守，社会经济齐头发展。元、明两代，多次"赶苗拓业"，人口锐减，土地荒芜，经济萧条。清政府招民垦荒，还民休养生息，经济得以恢复、发展，到清末"舟楫往来，商贸辐辏，百货云集，富甲一方"。盐、茶、油、漆、苎麻诸物转运各地，使"彭水财富，甲于西属"。

民国时期，兵匪频仍，人民啼饥号寒。1949年11月16日彭水解放，从此人民当家作主，政通人和，百业兴旺。

（二）彭水"盐丹文化"

彭水土家族认为自己属巴人廪君的后裔。史传廪君部落在湖北长阳武落钟离山发展壮大起来后，立国号巴。巴人溯清江（夷水）向西发展，进入恩施后，其中有一支进入今利川市境，再沿今郁江上游的后江河而下彭水郁山，开发郁山盐泉；另一支溯清江支流忠建河到咸丰境再沿冷水河、大河入阿蓬江，到达黔江、酉阳境内，再进入彭水。他们以煮盐为业，用土舟运盐济楚，使郁山成为巴国的重要盐区之一。冉、向二姓即为世居古黔中的廪君族属。据说，在彭水多处出土的虎纽錞于便是对这一历史的印证。北宋黄庭坚离居彭水郁山开元寺时著《答从圣使君书》，其中提到制茶的"土人"，当为土家族的先民。这应该是对土家人最早的以"土"为称，也标志着彭水土家族的形成，以及其族称演变由"巴"到"蛮"再到"土"的完成。

（三）彭水"神秘的流放文化"

彭水是唐宋时期黔中地区的政治文化中心。彭水物产丰富，气候宜人。唐朝时期，这里能够提供一品贡奉的需求，成了皇家南方流放地。贞观到垂拱年间，唐王朝权力争斗十分激烈，多个皇亲权臣获罪被流放黔州。唐贞观十七年（公元643年）九月，唐太宗废太子李承乾流放黔州，次年病死葬郁山；唐显庆五年（公元660年）五月，唐高宗废太子梁王李忠流放黔州，后赐死葬保家陈园；唐调露二年（公元680年）十月，唐太宗14子曹王李明流放，第三年黔州都督谢佑逼令自杀，唐高宗闻讯震怒，黔州都督府官员均被革职查办，谢佑的头颅被李明家人制作成便器；唐垂拱四年（公元688年）十二月，唐高主之子霍王李元轨流放来黔州。其间，唐显庆四年（公元659年）四月，反对武则天的长孙无忌谪来黔州，第二年逼令自缢，葬彭水县城东门坡；唐乾封三年（公元668年）十二月，高丽（今朝鲜半岛）知留后事泉南建流放来黔州。宋代绍圣年间还有黄庭坚被谪来黔州生活3年之事。在中国封建王朝少有的几个辉煌历史时期之一"贞观之治"的45年里，黔州竟然上演了历史惊心动魄的一幕，增添了彭水文化的神秘感。

史料记载,贞观十七年(公元643年),太子李承乾因谋反被唐太宗废为庶人,流放黔州(即今彭水)。当年九月,废太子被押送到彭水,囚禁在郁山流所。第三年十二月,李承乾病逝。经查证得知,太子最初葬在郁山镇的马颈子山,后迁葬昭陵。

二、彭水民俗与乡村旅游

民俗,即民间风俗,是指一个国家或民族中广大民众所创造、享用和传承的生活文化。包含生产劳动民俗、日常生活民俗、社会组织民俗、岁时节日民俗、人生仪礼、游艺民俗、民间观念和民间文学八大部分。民俗既是物质的也是精神的,除社会组织民俗、民间观念渗透在旅游文化之中外,其他的民俗都具有直观性、参与性特点,都可以开发成民俗产品。

(一)生产劳动民俗

彭水生产劳动民俗,可以开发产品、服务旅游的主要在传统林业和手工业两个方面,着重在狩猎、造纸、雕刻和编织等行业。

(1)**传统围猎**。围猎,彭水俗称"撵仗"。围猎,场面热烈,参与的人们在活动中获得多种知识、身体锻炼和快乐享受等,是一项十分有益的传统民俗活动。

(2)**传统造纸**。彭水传统造纸历史悠久,竹板桥村落是传统造纸术的保留地。它保留着完整的手工造纸技术,辗料、成型、去水等工艺极具观赏性。

(3)**传统漆器**。彭水生漆历来有名,早在明末清初就远销日本、东南亚各国。20世纪80年代以前,彭水一直是四川省重要的生漆产地。彭水工艺木雕、挖瓢、制桶等工艺悠久,技术精湛,特别是制作的漆器十分有名。

(4)**传统刺绣**。历史上,郁山刺绣代表了彭水刺绣的水平。新中国成立后,特别是改革开放以来,刺绣工艺得到传承和创新。近几年,通过展览等形式,发现了不少优秀作品,培养了大批人才。

(5)**传统编结**。彭水利用竹、藤、棕、草等为原料,手工编结背篓(图1-1)、提篮、座椅、花伞、斗篷、蓑衣、床垫、扇子、草凳等的工艺水平较高。

图1-1 编背篓

(二)日常生活民俗

(1) **苗族服饰**。苗族喜欢银饰,民间银饰种类繁多,工艺精湛。成年女子出席宴会或隆重场合时,要在头上插银簪,胸前挂银锁,或者挂缀满挖耳、小刀、铃铛等饰品的银项链(图1-2)。小孩头戴缀满各型银罗汉的帽子,还在后面悬挂银、铜铃铛。花围腰、花边裤、绣花鞋、花鞋垫、长布帕等也极有特色。

图1-2 苗族服饰

（2）**传统饮食**。彭水传统特色饮食众多，有大脚菌系列、郁山鸡豆花、苗家鼎罐饭、荞面豆花、蕨类食品和嘟卷子、米粉等小吃。同时，还有以猕猴桃、刺梨、银花等为原料的饮品，已经失传的有芦酒、油茶等。

（3）**传统民居**。彭水传统民居以干栏式吊脚楼、四合院、撮箕口建筑为典型代表，注重雕梁画栋，窗花精美，柱础讲究。木床、桌椅等家具工艺精湛，处处折射出高超的艺术智慧。诸佛江流域的火铺，也不失为苗家的一大特色。彭水人民把居所的建设看成是极其重要的大事，立房架、钉大门、安香龛都要举行浓重仪式，宴请亲朋好友。仪式繁缛而讲究，撒抛梁粑、开财门要说吉祥话、唱祝事歌诀，走罡步，行大礼，极具观赏性。

（4）**传统交通旅行工具**。歪屁股木船是乌江船工千百年智慧的结晶，是乌江特有的水上交通工具，是乌江的一道风景线。这种船舶直到20世纪末才退出人们的视野。

（5）**苗族建筑**。苗族大多居住在高寨山区，山高坡陡，平整、开挖地基极不容易，加上天气阴雨多变，潮湿多雾，砖屋底层湿气很重，不宜起居，因而，苗族历来依山傍水，构筑一种通风性能很好的干爽的木楼——吊脚楼。苗族的吊脚楼通常建造在斜坡上，分两层或三层。最上层很矮，只放粮食不住人。楼下堆放杂物或作牲口圈。两层者则不盖顶层。一般以竹编糊泥作墙，以草盖顶。现多已改为瓦顶。吊脚楼一般以四排三间为一幢，有的除了正房外，还搭了一两个"偏厦"。每排木柱一般9根，即五柱四瓜。住人的一层，旁有木梯与楼上层和下层相接，该层设有走廊通道，约1米宽。堂屋是迎客间，两侧各间则隔为两三小间为卧室或厨房。房间宽敞明亮，门窗左右对称。有的苗家还在侧间设有火坑，冬天就在这烧火取暖。中堂前有大门，门是两扇，两边各有一窗。中堂的前檐下，都装有靠背栏杆，称"美人靠"。

（三）岁时节日民俗

岁时节日民俗方面，彭水少数民族自己的传统节日已经淡化消亡，基本上与汉族传统节日没有多大区别。

（1）**踏青习俗**。踏青习俗包括以历史、文化、科考、民俗、探险等为主题的旅行活动。

（2）**端午节**。端午节利用乌江开展划龙舟比赛，还包括吃粽子、采艾蒿、喝雄黄酒驱邪避鬼等。

（3）**吃刨汤**。冬季杀年猪吃刨汤，可以聚集人气（图1-3）。

图1-3 吃刨汤

（四）人生礼仪民俗

人生仪礼是指人在一生中几个重要环节上所经过的具有一定仪式的行为过程，主要包括诞生礼、成年礼、婚礼和葬礼。它是一种世俗仪式，一般又称为"通过仪式"，也就是帮助个人通过种种生命过程中的"关口"，使之在自己的心理上以及与他人的关系上能顺利达成。而人生所经历的四大礼仪：诞生，成年，婚嫁，丧葬，莫不与作为人类社会生活重要组成部分的衣着装扮有着或多或少、或隐或显、或直接或间接的联系。头饰是构成妇女服饰的重要组成部分，也往往是一个民族区别于其他民族的标志之一。

（1）**诞生礼**。诞生礼居于人生四大礼仪之首，是人从所谓"彼世"到达"此世"时必须举行的一种仪礼。它作为人类社会生活的重要内容，涉及许多文化现象。几乎每一个民族都传承着一套与妇女产子、婴儿的新生息息相关的民俗事象和礼仪规范。一个婴儿刚一出生，还仅仅是一种生物意义上的存在，只有通过为他举行的诞生仪礼，他才获得在社会中的地位，被社会承认为一个真正意义上的"人"。这似乎是一种势在必行的做法。比如，汉族民俗中就有为初生婴儿剪胎发及与此相关的"三朝礼""满月礼"和处理胎发的一些仪式,并且"三朝礼是人生礼仪中,表示小孩脱离孕期残余,正式进入婴儿期的标志"。由此可见头发对于初生婴儿的重要意义。

(2)成年礼。成年礼是为承认年轻人具有进入社会的能力和资格而举行的人生仪礼,是一种普遍存在的文化现象。成年礼一般会举行隆重仪式。苗族男子保留的"户棍"(鬏鬏)发式,它完成了每个少年身份角色的转换,使他们懂得了自己的社会责任,承担起作为苗族人所要承担的权利和义务。所遵循的不留"户棍",不是真正的苗族人,死后就不能同祖先在一起,它解决了这个苗族分支人的灵魂的归宗问题,要得到民族(或祖先)的认同,必须遵循传统观念。苗族的成人礼俗,集中体现了这个苗族分支传统文化的表现形式,所产生的文化现象,涉及他们的衣、食、住、行、精神、信仰以及审美观念。他们通过这种"户棍"(鬏鬏)的形式来维系这支苗族的传统文化,它是苗族人的情感纽带,也是他们的精神寄托,它是苗族具有顽强生命力的价值体现。

(3)**婚嫁习俗**(图1-4)。土家族是中国历史悠久的一个民族,至今传承着一些传统婚嫁的习俗。与汉族相比较而言,虽然土家族也重视"父母之命,媒妁之言",但总体而言婚姻还是自由的。土家族未婚青年男女在摆手节、女儿会等大型节日和生产活动中相识、相恋,以对山歌、吹木叶表达爱情,在征得双方父母同意后便可结婚。土家族的婚姻习俗是所有土家民俗中仪式最为复杂、程序最为完整、细节最为精致的民俗之一,其程序可分为五大部分:求肯(即求亲)、定亲、结婚、送亲、回门。其中每一大部分又由许多小环节构成,程序极为完整,内涵颇为丰富。其中最为独特的环节便是"哭嫁"环节,八字写过之后,女子离家的日子也就开始进入倒计时了。这时,男女双方都会为婚礼忙碌,女方要置办嫁妆,男方置办结婚所需物品。在结婚前一个月(也有七到十天前开始的),女子就会停止下地做活,开始进入"哭嫁"环节。哭嫁是整个土家婚嫁习俗中最为独特、最为动人心弦的环节,土家族女子从十二三岁起就开始学习哭嫁,并且哭得好不好也成为衡量一个女子是否贤惠的标准,如果哭不好或者不会哭,就会被人看作没教养,甚至受到歧视。总的来看,哭嫁的内容主要有"哭爹娘""哭哥嫂""哭姐妹""哭叔伯""哭陪客""哭媒人""哭梳头""哭祖宗""哭上轿"等。"歌词"既有一代代流传下来的、传统的,也有新娘和"陪哭"的姐妹们即兴创作的。哭嫁歌是新娘为了表达离别之情,由新娘哭诉、亲人们劝慰开导的一种以哭伴歌的形式,它抒情性强、曲调低沉、哀婉动人，被音乐家誉为"中国式的咏叹调"。

图 1-4 苗族婚礼

（4）**丧葬习俗**。中国有56个民族，在这个多民族国家，各民族都有不同的丧葬习俗，苗族也不例外。苗族的丧葬习俗，经过多年的融合发展，形成不一样的丧葬文化。苗族的丧葬习俗，反映了深厚的祖先崇拜观念，某些还有浓厚的宗教迷信色彩。主要流程有5个步骤。报丧。当病人与世长辞后，全家人都向死者放声大哭，并头披白布和麻，由一男子出门外鸣三枪报丧。邻居闻讯后，每家都自觉由一男子带上一升米到丧家帮忙，女婿和舅姑家也都送七尺黑布、香烛等表示哀悼。停尸。由同性人替死者换衣，先用一尺长三寸宽的白布巾擦身，然后把白布巾挂在堂屋的中柱上，替死者换上里白外黑的单层寿服（即衣三裤三）然后准备办丧事，请巫师择定出殡日期、选择墓地、为死者招魂等。吊丧。苗族有些地方在出殡前举行，有些地方则是安葬完举行。三亲六戚来吊丧，死者女儿不回来，但礼物要重于其他亲友。一般要送丧家粮食、酒、钱等。进餐后，客人回家时，也要在沿途桥上插香，在岔道口放纸钱，表示请亡灵到家中做客。出殡。这是丧家人及亲友向死者最后告别仪式。大多是把棺材放在门外，出殡时先脚后头把尸体抬出放入棺木中。然后抬棺上山，只是由男人送葬，女人送到村边止步。抬棺时，前两人是死者的第二第三个女婿或侄女婿；后两人是儿子或侄子；大女婿留在家收拾死者的生前衣物及地铺上的稻草等，并拿去村边焚烧。送葬队伍排列是孝子在前；其后是肩扛大马刀、嘴里不时念咒的巫师,接着是抬棺的人群,最后是丧家其他人和来送葬的亲友。焚巾。当吊丧客人走后,丧家还要举行焚巾仪式,即取出死者洁身的白布交给巫师,设一香案,摆上酒肉、糯米饭等,由巫师用悲痛的曲调念诵焚巾词,赞颂死者的生平事迹,并送亡灵去天堂;颂毕,焚烧洁身白布巾。此外,葬后第三天,由死者的长子把亡灵带到女儿家做客,再带回来看自家的田园庄稼希望亡灵保佑丰收。丧葬仪式到此全部结束。

(五)游艺民俗

彭水游艺民俗具有代表性,内容丰富。民间竞技有彭水民间划龙舟、射弩(图1-5)、天地球、打篾蛋等活动。彭水的高台狮子、普子火龙舞是综合表演民俗(即民间杂艺),独具特色,极具观赏性。

民间游艺有走五马、拣籽儿、打水枪、斗鸡(脚斗士)等。

图 1-5 射弩

(六)民间文学

彭水民间文学,门类齐全,丰富多彩,艺术价值高,是彭水民俗中的精品。无论是散文的口头叙事文学,如神话、传说和各种民间故事、笑话,还是韵文的口头文学样式,如民间诗歌(史诗、民歌)谚语、谜语,以及综合叙事、抒情、歌舞,具有较多表演成分的民间说唱、民间戏曲等,都极具地方特色,也有较高的艺术欣赏价值。

（1）民间歌舞（图1-6）。

①"娇阿依"苗歌。"娇阿依"系列民歌，是产生在诸佛江流域鞍子乡的原生态苗族民歌，是彭水民歌的代表，是重庆市经典民歌之一。

②诸佛盘歌。盘歌在彭水民歌中是一大特色，诸佛盘歌是其代表作，盘歌《刘三姐》，在全国原生态民歌演唱大赛中获奖。

图1-6　苗族歌舞

③史诗《吴么妹》。《吴么妹》是产生在梅子垭的苗族叙事长歌，叙述了苗族姑娘吴么妹和苗家小伙子杨二哥的悲惨爱情故事，是彭水众多情歌中的代表作，具有史诗般的意义。

④山歌。彭水各地各民族都有自己的山歌，内容丰富，形式多样。山歌根植于生产生活的各个方面，表达了彭水人民的心声。

⑤号子。号子在劳动中产生，有抬轿号子、船工号子等。

⑥甩手揖。甩手揖是产生在诸佛乡庙池、红门一带的民间礼仪舞蹈，是摆手舞的雏型。已经黔江区文艺工作者改造成为土家摆手舞。

⑦肉连箫。肉连箫是产生在普子、三义一带的民间集体舞蹈。

⑧嗡。廖元德根据一种彭水民间竹制乐器发掘创作出"嗡"。

⑨福事歌诀。彭水福事歌诀是民间礼仪歌诀，主要用于修造房屋、婚礼中，

表演性强，具有较高的观赏性。

（2）民间说唱。

①诸佛幺二三鼓。诸佛幺二三鼓，又叫"十二杯酒"，是保留在诸佛乡红门村的一种将军鼓，在大中小三只鼓的伴奏下，叙说古代帝王将相的丰功伟绩。

②鱼鼓筒。鱼鼓筒即道琴，是保留在郁山镇的一种说唱艺术。

③薅草锣鼓。薅草锣鼓是劳动说唱的一种，可以改造成漂流锣鼓。

（3）民间戏剧。

①木蜡庄傩戏。渝黔边大垭乡的木蜡庄保留着最原始、最完整的傩戏。

②朱砂三人花灯。朱砂三人花灯是保留在郁山镇原朱砂乡的一种花灯表演艺术。

③郁山围鼓。郁山围鼓是川剧的坐唱形式。

（4）民间吹打。彭水锣鼓、唢呐等民间器乐，内容丰富，形式多样。"苗族大唢呐"是流传于彭水县内的一种民族低音木管乐器。它起源于苗族，演奏人数最多、吹得最好的都是苗族同胞，所以人称"苗族大唢呐"。其表现形态为与打击乐相结合的吹打合奏。它的演奏主要运用于婚丧嫁娶场合，是本地苗族精神文化、风土人情、生活习性、民族发展的集中反映。而其演奏的乐曲以民族五声中宫、商、角、徵、羽调为主，曲式结构简单，乐曲旋律平稳，音色低沉。

（5）神话、传说等。彭水民间传说中，有很多经典的故事，如关于人变龙的故事《蔡龙王的传说》《盘龙山》等；关于宝珠的传说《随意珠》《乌江宝珠》等；关于苗民的故事《"长脚佬"的故事》《聪明的苗族小伙子》《灯笼记》《张家洞》《朱三洞》《苗子沟的传说》《大石笋》等；关于"梭米洞"的诸多传说以及《犀牛堡》《神马槽》《烂船沟》《马峰岈》《龙门峡》《老鹰岩》《姐妹石》《斑竹林》等；关于张果老的系列传说等。

（七）彭水乡村旅游

乡村旅游以具有乡村性的自然和人文客体为旅游吸引物，依托农村区域的优美景观、自然环境、建筑和文化等资源，在传统农村休闲游和农业体验游的基础上，拓展开发会务度假、休闲娱乐等项目的新兴旅游方式（图1-7）。

图1-7　乡村游

重庆彭水苗族土家族自治县位于重庆市东南中部，北接湖北，南连贵州。县境属武陵山区，全境地势西北高而东南低，山地广布，溪河遍及，水系发达，峡谷切割强烈，水急坡陡，其地貌类型复杂，"两山夹一沟"是彭水地貌的显著特征。彭水环境优越，人杰地灵，旅游资源品种丰富齐全，保存相对完整。既有优美的自然风光、多样的自然生态、原汁原味的民族风情，又有厚重的盐丹文化、神秘的巫觋文化、丰厚的传统文化遗产、独特的乡村聚落等，具有相得益彰、易于组合的显著特点。融秀丽自然景色与浓郁民族风情于一体，有益发展彭水民族文化旅游产业和乡村旅游，促进经济良性发展。彭水地区乡村特色村寨民风淳朴，民间艺术多姿多彩，具有浓厚的地域特色和鲜明的时代特色。如鞍子苗寨、罗家坨苗寨、太原向家坝蒙古族聚居村落、郁山古镇（图1-8）、周家寨、长生花海、凤凰花海、摩围山等乡村旅游资源。从村落建筑到农田果园，从生产方式到生活习俗，从传统意识到行为准则均构成了具有浓郁地方色彩的乡村旅游资源。

图1-8 郁山古镇

鞍子苗寨位于距渝东南彭水县城54公里处的鞍子乡场镇所在地，包括石磨岩苗寨、神皇岈苗寨、云盘苗寨等，是一个集苗街、苗歌、苗舞、苗民村落、苗文化习俗、苗乡自然山水风光于一体的民族风情旅游区域。

罗家坨苗寨拥有川主庙遗址、罗家祠堂遗址、石门、罗氏祖墓、干栏式古建筑、各类生产工具、各类生活用具、刺绣和挑花实物、草编和棕编实物、乐器、家谱、族谱、金刚卷等文化遗产。有神话、传说故事、谜语、谚语、民歌、吹打乐、舞蹈、人生礼仪、祭祀礼仪、天文知识、农业生产知识、畜牧业知识、采集与狩猎知识、医学知识、吊脚楼木房的营造技术、石雕技艺、刺绣与挑花技艺、草编和棕编技艺、食物的储藏与加工技术等非物质文化遗产。古法造纸竹板桥生态村至今传承造纸工艺，保留祭蔡伦、山王菩萨、土地菩萨等习俗，仍然传唱造纸工艺中的劳动号子、山歌等。

在我国的乡村旅游发展中，为了适应市场的需求，我国各地逐渐出现了具有各自不同形态的乡村旅游类型，对乡村旅游发展具有典型借鉴意义。具体分类如下：

（一）乡村度假休闲型

又叫"农家乐"型，是以农家为主要旅游资源，以农村其他资源为辅助旅游资源，策划开发的旅游产品类型。农家乐旅游是以农业、农村、农事作为主要发展载体，重点突出一个"农"字。如四川省成都市锦江区三圣花乡、重庆市南岸区石牛片区、湖南省湘潭县响水乡青竹村等。

（二）依托景区发展型

成熟景区巨大的地核吸引力为区域旅游在资源和市场方面带来发展契机，周边的乡村地区借助这一优势，往往成为乡村旅游优先发展区。鉴于景区周边乡村发展旅游业时受景区影响较大，我们将此类旅游发展归类为依托景区发展型。如江西省宜春市明月山温泉风景区温汤镇、西藏自治区定日县扎西宗乡、海南省琼海市博鳌镇南强村等。

（三）旅游城镇建设型

城乡一体化的协调发展，是我国建设社会主义新农村的必由之路，农村走向城乡一体化的关键是农村的城镇化，而农村的城镇化又依赖于小城镇的发展。小城镇在推动农村经济发展中具有十分重要的作用。它不仅是农村商品经济运行的枢纽和中心，也是农村工业化和城市化发展的载体和物质基础。在现阶段农村经济发展条件下，小城镇是农村经济发展的新的"推进器"，是农村经济新的增长点。新形势下如何采取更为有效的政策措施，加快农村小城镇发展，促进我国的农村城镇化进程，具有十分重要的理论和现实意义。

（四）民族风情依托型

民俗依托型乡村旅游具有文化的原生性、参与性、质朴性及浓郁的民俗风情的特点，独具一格的民族民俗、建筑风格、饮食习惯、服饰特色、农业景观和农事活动等，都为民俗旅游提供了很大的发展空间。我国民俗旅游开发资源基础丰富，特点鲜明，区域性和民族个性较强，发展优势明显。同时，由于投资少、见效快，逐渐成为少数民族聚集区经济发展中新的增长点和旅游亮点，得到当地政府的大力支持，也受到国内外旅游者的推崇。其中发展得较好的有广西壮族自治区桂林市恭城瑶族自治县红岩村、吉林省延边州安图县红旗村。

（五）特色产业带动型

特色产业带动型的乡村旅游，需要当地具有生产某种特色产品的历史传统和自然条件，有相应的产业，且市场需求旺盛，通过产业集群形成一定规模。特色产业带动型发展模式，在村镇的范围内，依托所在地区独特的优势，围绕一个特色产品或产业链，实行专业化生产，一村一业发展壮大，进一步带动乡村旅游发展的发展。特色产业带动型乡村旅游通常会和农场庄园、度假休闲型乡村旅游相交叉。

（六）现代农村展示型

这种模式的乡村旅游必须以新农村形象为旅游吸引物，只能在率先步入小康阶段的社会主义现代化新农村开展。这种新农村必须是经济发达、交通便利、知名度较大的乡村，以新为特点，在住宅、街巷、道路和生态环境、产业设施以及各种配套设施方面，都发生了全新的改变，成为乡村城市化、城乡一体化的典范。这些地方可以开展乡镇工业游、农业游、红色游等多条特色旅游线路，但需注意在发展乡村旅游的同时要处理好与发展其他产业的关系，引导当地农民参与旅游活动。

（七）其他划分形式

如按资源划分，江西婺源乡村旅游就属于自然旅游资源与人文旅游资源相结合的旅游模式；成都"五朵金花"属于自然旅游资源的类型。

按区位条件划分可以分为景区周边型和都市周边型等。

第二章　民俗文化游——彭水县城与苗族九黎城

> **知识目标：**
> 了解彭水的民俗文化历史，熟悉蚩尤九黎城景区的概况，掌握九黎城景区各景点的具体内容和丰厚的历史文化，对蚩尤文化有更深层次以及更准确的认知和理解。
>
> **能力目标：**
> 能够熟练运用书本上的知识，将其和自己的认知了解融合在一起，充分了解当地的旅游资源，并能灵活地运用到自己的专业和生活当中。能熟练地编写出个性化的导游词进行讲解和分享，有助于促进地方的旅游资源发展和当地的经济发展。

第一节　彭水县城与苗族九黎城民俗文化活动

一、蚩尤祭祀大典

每年农历四月初八，蚩尤九黎城都会举行世界最大的蚩尤祭祀仪式，吸引着全国各地的蚩尤后裔前来参与，由苗族长老带领族人共同祭祀他们的祖先蚩尤。"祭祀仪式"也演变成了万人规模的"蚩尤大典"（图2-1），活动上还有各种苗族非物质文化表演，苗族特色美食品尝等活动，让所有人都真切地体会一次苗族文化。

第二章 民俗文化游——彭水县城与苗族九黎城 017

图 2-1 蚩尤祭祀大典现场

在祭祀大典上，共有狩渔方阵、五谷方阵、冶铜方阵、俑兵方阵、制盐方阵、百艺方阵、巫傩方阵、驯兽方阵、法典方阵九大方阵，数千名身着苗族传统服饰的队员，代表着蚩尤九黎先祖的九大功绩。81 位俊健的旗手，代表着当年蚩尤的 81 位部落兄弟；81 面黄色的幡旗，代表着绵延万里的大地的金黄、收获千秋的稻谷的金黄、蚩尤后人永不褪色的皮肤、刻在蚩尤后人灵魂里的信仰。

民间献祭，以乡镇为单位，由苗民自发组队进献。寓意六畜兴旺、五谷丰登的农副产品，寄托着苗族人民对先祖的缅怀。一鞠躬、二鞠躬、三鞠躬、敬天地，九黎苗族长老代表苗民敬献高香至殿内……整个祭祀仪式肃穆、庄严、有序、别致,让现场观礼的游客群众切实感受到了一场正宗地道、原汁原味的苗族礼仪。

二、踩花山

花山节,又叫"跳场""跳花""耍花山"或"踩花山",是苗族人民的传统佳节,源于青年男女的求爱活动,是苗族青年寻偶恋爱的佳节。男女通过在一起对歌、跳舞得以相见到认识并了解。因此,踩山花节也被誉为苗族人的"七夕节""爱情节",是仅次于苗年(苗族的春节)的传统盛大节日(图2-2)。

图2-2 踩花山活动现场

三、其他民俗文化活动

(一)拦门酒

拦门酒是苗族人民自古流传下来的一种风俗,它体现了苗家人礼貌待客,坦诚交友的良好风范，苗族人非常喜欢自己酿酒，而且酿出来的酒醇香清冽，并且在当地自古流传着非常浓郁的酒文化。身着节日盛装的苗家阿哥、阿妹在九道门迎接游客，与游客互动对山歌，不对山歌的游客必须喝酒才能走进景区（图2-3）。

图 2-3　九道门拦门酒

（二）苗家民俗展演

蚩尤九黎城在苗戏楼和苗族文化广场有民俗表演，主要表演项目有苗家彩龙船、苗家婚俗、苗家竹竿舞、苗家歌舞表演，还有集民间杂技、民间舞蹈和民间体育于一体的高台舞狮（图2-4）。游客在观看节目的时候可以感受到浓郁的苗家风情，也可以亲身参与这些活动项目切身地去体验苗家风情。

图 2-4 民间艺人表演高台舞狮

(三) 旅游商品博览会暨美食农特产品展销会

旅游商品博览会暨美食农特产品展销会在九黎城九黎街、三苗长廊举办。游客朋友可以购买到多种特色产品,如松桃传统苗绣、苗银现场制作、传统土布制作、草(藤)编手工展示、传统剪纸、传统年画、传统苗族扎染创新制作、苗族传统蜡染、非遗油纸伞制作、古法造纸文创制作体验、木刻及烙画制作、传统土陶制作体验、郁山擀酥土法制作、传统麻糖制作展示展销、传统银饰、苗医及苗药养生、传统苗族针绣等。

 拓展与提高

蚩尤对于民族文化发展的贡献

首先,蚩尤为我们的物质文化做出了贡献。蚩尤统率了九黎部落联盟,当时条件很艰苦,他针对当地的地理、气候、水源等优越条件,发明了谷物种植,已经开始由采集、渔牧、游牧向农业发展,这是历史和文明的一大进步,是对古代文明的一个重大贡献。

其次,蚩尤发明了金属冶炼和金属兵器的制造。《世本·作篇》说:蚩尤"以金作兵器。"是金属冶炼的最早发明者,为中国古代文明做出了重大的贡献。

最后,蚩尤是建立法规、实行法制的最早创造者和施行者。《周书·吕刑》说:"蚩尤对苗民制以刑。"可以推断出蚩尤是当时制度刑法建立的第一人。

技能训练

将班上学生分成小组,各小组选一位小组长带领组员,根据掌握的蚩尤九黎城的情况进行团队活动安排服务演示。小组长根据教师设定的活动情景,进行模拟,并分组展示。

1. 角色:小组成员分别扮演导游、游客等角色。
2. 要求:
(1)以角色扮演的形式,按照本节讲解实例,完成蚩尤九黎城的团队活动安排。
(2)根据情景剧表演情况,做好组间互评,听取老师的建议。

课后练习

1. 能根据旅游团成员的具体情况,熟练地为游客提供团队娱乐服务。
2. 根据所掌握的知识能独立安排一场具有吸引力的团队旅游策划。

第二节　彭水县城与苗族九黎城导游服务

一、餐饮服务

渝东南苗族的饮食文化，与各个民族交流、融合、承传、发展，在共性中烙有鲜明的民族特色，发掘、保留、革新各个民族的饮食文化，使其营养更均衡，达到食、药、保健三位一体的功效。大部分地区的苗族一日三餐，均以大米为主食。刨汤、腊拼、古藏肉、苗王鱼、白切鸡、野兔肉、青岩豆腐等为苗族的传统佳肴，美味飘香，令人陶醉。

特色美食推介：苗族长桌宴（图2-5）

苗族长桌宴是苗族宴席的最高形式与隆重礼仪，已有几千年的历史。通常用于接亲嫁女、满月酒以及村寨联谊宴饮活动。左边是主人座位，右边是客人座位。主客相对，敬酒劝饮并对酒高歌。

图2-5　苗族长桌宴

二、住宿服务

来到九黎城景区可以住到民俗风情浓郁的苗家吊脚楼里，让游客感受到独特的苗家文化。也可以选择城区的酒店，欣赏有"小香港之称"彭水的夜景。

住宿推介：乌江明珠大酒店（图2-6）

彭水乌江明珠大酒店位于滨江路商业美食街中心地带，地处风景秀丽、两岸青山如岱的乌江画廊河畔，依山傍水，风景秀美。酒店周边风景名胜众多，既有四季如春的摩围山森林公园，也有历史古镇——郁山镇和龚滩古镇，更有闻名遐迩的漂流胜地阿依河，地理位置优越，是一家集住宿、餐饮、会议、康乐为一体的多功能休闲商务酒店。酒店内设品味轩中餐厅，装修时尚优雅，提供"新派川菜"和正宗粤菜，是商务宴请、朋友叙旧、家庭团聚的美食府邸。

图2-6 乌江明珠大酒店

三、交通服务

蚩尤九黎城位于重庆市彭水县绍庆街道与靛水街道结合部的亭子坝，东经摩围山隧道与彭水老城区相连，南接彭水新城，北至乌江并与湘渝高速下线互通。

（1）自驾车路线：主城—渝湘高速 G65—彭水西—蚩尤九黎城

（2）长途汽车：四公里交通换乘枢纽—彭水汽车站—（出租车五分钟）—蚩尤九黎城

（3）县城公交路线：816路（靛水—张家坝—九黎城—乌江四桥—两江假日酒店—外河坝—两江广场—交旅依城—下坝—江城美景—劳动局—医疗中心）

四、游览服务

蚩尤九黎城是中国最大的苗族传统建筑群，主要建筑包括标志门楼、九道门、九黎宫苗王府、蚩尤大殿、禹王宫、百苗长廊、九黎神柱、艺武场、百戏楼、购物长廊、美食一条街等（图2-7）。

图 2-7 九黎城导览图

游览推介：九道门、九黎柱、蚩尤大殿

九道门：蚩尤九黎城的标志性建筑，沿着山脊建造的，宏伟壮观，每座牌门建筑错落有致，造型各异，分别是三座石门，三座木门，三座砖木结构门，以九黎部落分别命名为：畎夷门、于夷门、方夷门、黄夷门、白夷门、赤夷门、玄夷门、风夷门、阳夷门。"九道门"是世界上唯一的九进门庭，采用了天地五行——金木水火土作为用材和风水的象征，面朝北方，彰显了九黎城的威严和气度。每一座牌门上都雕刻着有关苗族民俗文化、历史故事和民间吉祥的图腾。脊皂的雕塑十分精美、栩栩如生，有飞禽走兽和古代人物，这些都是苗族的神话传说和崇拜的鬼神瑞兽之像（图2-8）。

图 2-8 九道门

九黎神柱：苗族的象征之柱，用汉白玉雕刻而成，总高24米，象征一年四季12个月二十四节气，有圆满团圆之意。神柱上雕刻的是苗族古歌里崇拜的36堂鬼、72堂神即36天罡、72地煞雕像。石柱底部直径3米，是世界上最高、最大，雕刻人物最多的苗族石柱，30个石雕艺人用整整八个多月雕刻完成，是目前雕刻人物最多的少数民族图腾柱（图2-9）。

图2-9 九黎神柱

蚩尤大殿：九黎城的灵魂工程，共九开间，进深12.99米，殿高15.9米，最大的木柱直径为60厘米，为俄罗斯柏木。殿内梁架有五匹巨大梁木，雕刻有太极八卦、金书、宝剑和龙凤纹卷草、云纹等图案，象征蚩尤的威严。因为苗族是东夷族的后代，有尚东的习俗，而蚩尤是东夷集团九黎部落的首领，所以大殿坐西朝东。大殿正中供奉着纯青铜铸造的蚩尤坐姿神像，高5.99米，宽3.3米，厚1.9米，重达40吨，是目前我国最大的蚩尤座像（图2-10）。

图2-10 蚩尤大殿

五、购物服务

旅游购物本身就是旅游资源，提供丰富的旅游购物资源，满足游客的购物体验需求，已成为某些旅游目的地最具吸引力的内容之一。来到九黎城我们可以购买具有当地特色产品。主要有：松桃传统苗绣、苗银现场制作、传统土布制作、草（藤）编手工展示、传统剪纸、传统年画、苗族传统蜡染、非遗油纸伞制作、古法造纸文创制作体验、郁山擀酥土法制作、传统麻糖制作展示展销、西兰卡普制作展示、苗族酸汤、民族包包、苗医及苗药养生、古玩藏品、传统苗族针绣、苗酒、冬菜、土家干货、苕粉苕皮、粑类、山茶油、紫苏油等。

购物推介：剪纸、银饰

苗族剪纸俗称"花纸""剪花""绣花纸"，苗语称"西给港""西给榜"，意为"动物剪纸"和"花卉剪纸"。

苗族剪纸不同于汉民族和北方少数民族的窗花剪纸，其主要用途是作为苗族服饰刺绣纹样稿。类型可分为革东和新民、新合两种，手法主要采用剪、刻、扎等方式。题材范围涉及苗族神话传说和自然界中花、鸟、虫、鱼、动物形象等，内容反映了苗族对远古图腾和自然的崇拜，蕴含着大量神秘的宗教文化信息和原始的艺术特征（图2-11）。

图 2-11 剪纸

苗族银饰作为一种文化现象在历史上曾被许多民族青睐，成为多元文化交流的载体之一。在这一载体中，融合有来自南方少数民族的"耳档"，起源于北方少数民族的"跳脱"，以及从古代饰物中沿袭而来的"步摇""五兵佩"和中国传统的龙、凤、鳞纹样等。苗族银饰以大为美的艺术特征是不言而喻的，苗族大银角几乎为佩戴者身高的一半便是令人信服的例证。苗族的图腾崇拜，是银饰的重要造型（图2-12）。

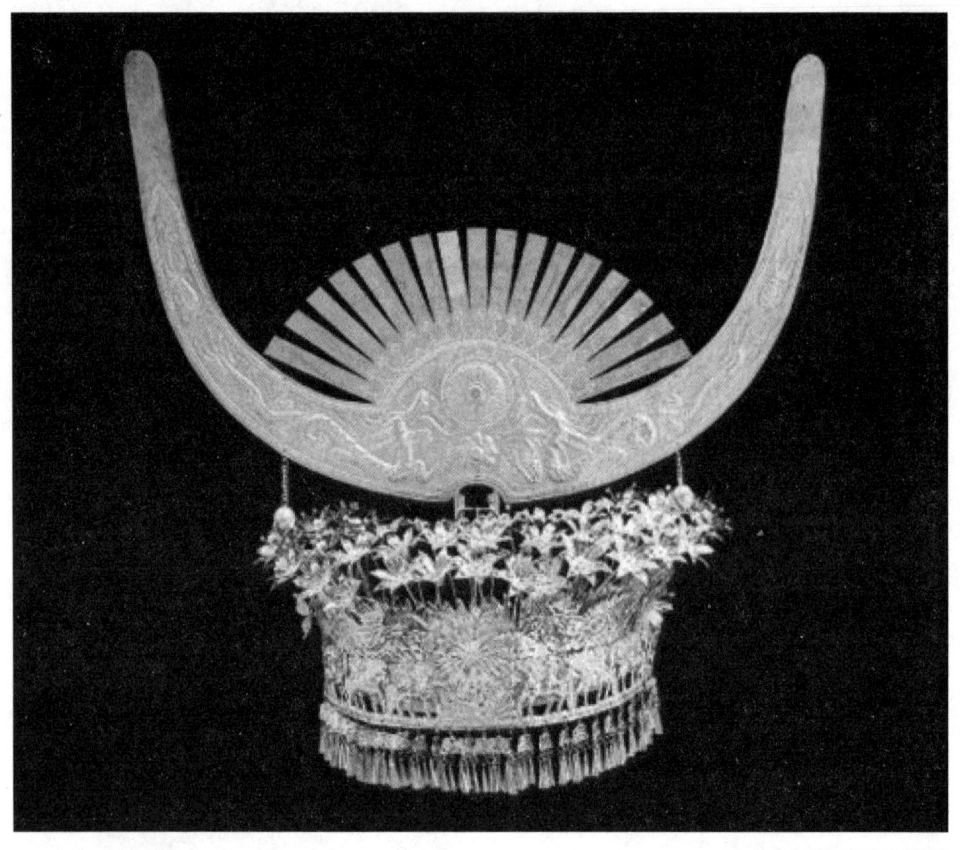

图2-12 银饰

六、娱乐服务

旅游者来到周家寨以后可以参加多种多样的生态旅游活动，如登健身步道、篝火晚会、钓鱼比赛等。

娱乐推介：
1. 民间祭拜蚩尤
民间祭拜蚩尤，场面壮观、震撼，是一场视觉、听觉、文化的盛宴（图2-13）!

图 2-13　民间祭拜

2. "我是麦霸"全民 K 歌大赛
"我是麦霸"经典再现全民 K 歌，大赛邀请特定歌手模仿者表演其经典作品，并邀请现场观众 PK 模仿者，由现场观众投票选出当场优胜者并颁发现金奖励（图2-14）。

图 2-14　全民 K 歌大赛

3. 露天音乐会

开展九黎果饮、乐队演奏等夜生活文化活动。在歌声中感受生活，平日的烦闷一下消散（图2-15）。

图 2-15　露天音乐会

4.《苗祖·蚩尤》实景剧演出

《苗祖·蚩尤》大型室内实景剧演出，风情浓郁，表演震撼人心（图2-16）！

图 2-16　实景演出

拓展与提高

蚩尤九黎城建造背景

关于苗族的族源,曾有"九黎说""三苗说""南蛮说"等。苗族的族源当可追寻到"九黎"和"三苗"中的人们共同体或部分先民。"蚩尤九黎"是苗族最早的先民,蚩尤是九黎部落联盟的首领。

《史记·五帝本纪·集解》曰:"九黎君号蚩尤。"《国语·楚语》注中说:"九黎,蚩尤之徒也。"《书·吕刑释文》《吕氏春秋·荡兵》《战国策》高诱注,蚩尤是九黎之君,所以,称之为"蚩尤九黎"或"九黎蚩尤"。"九黎"是我国古史传说中的三大部落联盟集团之一,蚩尤是"九黎"部落联盟集团的首领,是传说中我国远古赫赫有名的人物,也是苗族世代崇拜的英雄,在中国历史上产生了深远的影响。

中华民族具有寻根祭祖的优良传统,千百年来,清明时节祭祀轩辕黄帝陵和炎帝庙,成为传统祭祀大典,充分体现了华夏儿女对人文初祖的崇敬与怀念。

然而遗憾的是,这之前在全国却没有一处祭祀华夏三祖之一蚩尤的地方。正是在这样的背景下,蚩尤九黎城应运而生,它的成功打造,为华夏儿女提供了祭祀蚩尤的平台。蚩尤九黎城是展示和传承苗族文化的窗口和基地,彰显出的是苗族文化的厚重和丰富的内涵,全国的蚩尤后裔都可来这里祭祀他们的祖先蚩尤。并且,每年的农历四月初九,蚩尤九黎城都将举行大型祭祀活动。

技能训练

将班上学生分成小组,各小组选一位小组长带领组员,根据掌握的九黎城的情况进行团队导游服务演示。小组长根据教师设定的活动情景,进行模拟,并分组展示。

1. 角色:小组成员分别扮演导游、游客等角色。
2. 要求:
(1)以角色扮演的形式,按照本节讲解实例,完成九黎城的导游活动安排。
(2)根据情景剧表演情况,做好组间互评,听取老师的建议。

课后练习

1. 能根据旅游团成员的具体情况,熟练地为游客提供团队各种服务。
2. 根据所掌握的知识能独立安排一场成功的团队旅游策划。

导游词范例：

九道门

　　各位游客朋友们，大家好，欢迎大家来到蚩尤九黎城游览，我是你们今天的导游×××，很高兴为你们服务，现在大家所在的位置就是九道门了，它是蚩尤九黎城的标志性建筑，此外，这里也是我们进入景区的主要通道。

　　大家请看，这几道门是沿着山脊建造的，远看宏伟壮观，九道门的每座牌门建筑错落有致，造型各异，分别是三座石门，三座木门，三座砖木结构门，以九黎部落命名，分别为畎夷门、于夷门、方夷门、黄夷门、白夷门、赤夷门、玄夷门、风夷门和阳夷门。这"九道门"是世界上唯一的九进门庭，现已列入世界迪斯尼纪录。

　　大家都听说过五行中的金木水火土吧，我们的九道门还采用了天地五行，即金木水火土作为用材和风水的象征，面朝北面，彰显了九黎城的威严和气度。每一座牌门上都雕刻着有关苗族民俗文化、历史故事和民间吉祥的图腾。雕塑十分精美，栩栩如生，有飞禽走兽和古代人物，这些都是苗族的神话传说和崇拜的鬼神之像。苗家有句话叫作"三堂不如一门"，意思就是修建三座堂屋还不如修建一座牌门来得重要。

　　好了，各位游客朋友们，对于九道门，我的讲解就到这里，那么现在请大家跟随我的脚步继续往上走，需要提醒大家的，在参观时一定要注意脚下陡峭的台阶。

第三章　苗家风情游——鞍子苗寨

> **知识目标：**
> 了解鞍子苗寨景区的概况；熟悉鞍子苗寨景区具体小景点内容及各种民俗活动；掌握鞍子苗寨景区当地的民族服饰民俗、饮食民俗、居住民俗、人生仪礼民俗、节日民俗、游艺民俗、宗教信仰民俗、禁忌民俗等。
>
> **能力目标：**
> 能灵活运用与分析当地民俗的文化背景与文化内涵，能撰写个性化导游词；能熟练地运用当地民俗文化知识进行导游讲解；能将当地的民俗文化融入乡村旅游的导游服务中去使客人享受到舒心、满意的服务；能进行实地乡村导游讲解并合理安排游览线路，积极宣传鞍子苗寨景点。

第一节　鞍子苗寨景点简介

鞍子苗寨，歌舞山乡。苗族歌舞之乡鞍子镇，是重庆民族品牌"娇阿依"的故乡，是乌江画廊散发异域风情的神秘之地，也是彭水"中国爱情治愈圣地"必不可少的一张名片。这里有重庆最美苗寨"罗家坨"，这里也有象征真爱永恒的"爱情磐石"，这里是观赏石林景观，体验苗族风情的绝佳圣地。

一、景区概况

鞍子苗寨位于距彭水县城54公里的鞍子乡，这里是苗族聚居区，苗族人口90%以上，也是"民歌之乡"。鞍子原生态苗歌《娇阿依》曾荣获中央电视台青歌赛金奖。包括大池村1组的石磨岩苗寨、神皇岍苗寨，鞍子村1组的云盘苗寨等，是一个集苗街、苗歌、苗舞、苗民村落、苗文化习俗、苗乡自然山水风光于一体的民族风情旅游景区。境内地势周高中低，形似马鞍，俗称"鞍子头"，鞍子乡因此得名。景区群山绵延，溪河纵横，田肥土沃，气候宜人，物产丰富。这里是彭水苗族聚居最多，苗寨保存最完整，苗俗习惯最浓郁的山乡。生活在这里的苗民，他们行苗礼，习苗俗，过苗节，穿苗衣，唱苗歌，跳苗舞。著名的苗歌曲调"娇阿依"以其自然、奔放的气势，优美动听的旋律而流传千古，至今久唱不衰。2000年重庆市人民在政府将这里命名为苗族"民歌之乡"。苗族舞蹈"踩花山"也源自于此。

鞍子苗寨民族风情园，是镶嵌在乌江画廊风景区众多旅游景点之中的一颗璀璨明珠（图3-1、图3-2）。到这里观光旅游，可以探访一个古老民族的诸多奥秘；可以品味苗山、苗岭、苗民居厚重的历史文化；可以体验苗寨独特的民族风情；可以攀石磨、走石林、游云盘、逛神皇岍等景点，尽情嬉戏于苗乡奇异的自然山水之间。鞍子人热情好客，到此一游，可充分体验古老的苗族风情。

图3-1 鞍子苗寨景区

建设中的鞍子苗寨位于鞍子乡大池村一组，苗寨后山有大片怪异奇特的石林与天然洞穴连成一片，农家木屋、乡间野炊，有一种浓浓的苗韵。鞍子苗寨主要建设内容为：盘歌堂1300平方米，歌舞广场800平方米、景区内环寨公路2公里，步游道5公里，苗族风情街500米及相关配套设施。

图3-2 苗寨石林

二、景区线路

图3-3 苗寨景区布局图

苗家艺术展示区（苗寨工艺展示）—盘歌堂苗风苗趣展示中心区（苗风苗趣体验）—苗家生活展示区（苗寨生活体验）—苗家石林对歌台区（苗家文化探秘）—苗家桑林私语区（苗寨风情体验）—苗家柏林情话区（苗寨风情体验）—苗家农耕风景区（苗寨农耕风景体验）（图3-3）。

拓展与提高

"娇阿依"在苗语里原本指"我那美丽动人、能带给我美好幸福生活的姑娘"。娇阿依可以说是苗族姑娘，同时又是一首民族歌曲。鞍子苗寨，炊烟缭绕，宛如世外桃源。著名苗歌《娇阿依》传唱千古，集中展示了彭水民间音乐、自然风光和历史文化。

娇阿依歌词

山歌不唱不开怀，磨儿不推不转来，酒不劝郎郎不醉，花不逢春不乱开。天上有雨又不落，情妹有话又不说，是好是歹说一句，等我回去心里落。凉风绕绕天要晴，庄家只望雨来淋，庄家只望雨来长，情妹只望郎有情。太阳红去得哟四山凉哟……哟……嗬！合：哟……哟……嗬！

花线郎哟（重复），爬在栏杆上，哟依哟，依哟哟，奴要去赶场啰。山歌不唱就冷秋秋，哟……哟……嗬！梭子过河，梭两梭哟，梭子搭桥，梭过河哟，一个大姐依嗬依，依嗬要嗬，再来一个依嗬依，依嗬呦嗬，等到哦那年噻，嗬嗬歪歪嗬歪嗬，又来嗬。风吹耶麻叶，遍呀遍坡飞哟，二人啰依哟，莫呀莫同堆哟，娇连妹啰……哦，叫你回家去哟……嗬嗬歪嗬嗬歪，歪嗬歪嗬又回来，太阳哟，又落哟，哟嗬哟依哟，依依哟依哟。

鞍子民歌除了《娇阿依》外，还有《倒采茶》《逢春歌》《盘歌》《送郎歌》《望郎歌》等。在"苗族民歌之乡"的鞍子苗寨，住着一户户能歌善舞的苗家人。每每说起唱山歌，男女老少随口即来。没有摇滚乐的激情，也没有流行歌曲的时尚。但苗家儿女那真挚的唱腔，对生活愿景向往的淳朴倾诉，却总能直击人心。

技能训练

将班上学生分成小组，各小组选一位小组长带领组员，根据掌握的鞍子苗寨的情况进行导游讲解服务演示。小组长根据教师设定的讲解情景，进行模拟，并分组展示。

1. 角色：小组成员分别扮演导游、游客等角色。

2.要求：
（1）以角色扮演的形式，按照本节讲解实例，完成鞍子苗寨的讲解任务。
（2）根据情景剧表演情况，做好组间互评，听取老师的建议。

课后练习

1.能根据旅游团成员的具体情况，熟练地为游客提供导游讲解服务。
2.根据所掌握的知识能独立创作一篇具有吸引力的导游词。

第二节 鞍子苗寨民俗文化活动

鞍子苗寨民俗文化活动见下表。

鞍子苗寨民俗文化活动

旅游项目名称		旅游设施
迎客"三道茶"仪式 拦路"三道酒"仪式		寨口的三道小寨门
了解鞍子苗寨历史及游览吊脚楼		鞍子苗寨基本游览区和特色吊脚楼
品尝苗族美食		苗寨民居
参与苗族食品制作		苗寨民居
游览石林	欣赏石林情歌对唱	生态石林游览区
	游览石林自然景观	
欣赏歌舞表演	山歌、民歌表演	盘歌堂
	民族舞蹈表演	
参加民族体育运动		盘歌堂
观赏斗牛表演		斗牛场
观赏鞍子苗寨模拟婚嫁表演		盘歌堂及吊脚楼
烧烤		盘歌堂或烧烤场
参观鞍子苗寨生活用具及农具展示		吊脚楼或展品陈列室
参观原始生产方式展示		生产演示作坊区
夜宿苗寨		吊脚楼
购买苗寨旅游纪念品		苗寨民居或纪念品指定销售点

一、迎宾：对山歌

在清幽狭窄的山坳里，奇特的石磨岩上歌声悠扬，动听的苗歌到处回荡。

游客纷至沓来,感受这里奇特的自然景观和独特的民俗文化。

鞍子苗族山歌,流传于明末清初,是苗家山寨民俗文化的瑰宝。它以即物起兴、喻意深刻、语言淳朴为特点,曲调多样,传唱不衰(图3-4)。即赏心悦目,又鼓舞精神。是重庆现存最完整,而又最具有民族特色的山歌形式。该苗寨2000年被重庆市人民政府命名为"鞍子民歌"之乡。对歌迎客,是苗寨最高规格的迎宾礼节。

图 3-4 对山歌

二、苗族食俗体验

观摩并亲自体验制作过程,如打糍粑、鼎罐饭、石磨豆腐……各种美食制作体验,让游客近距离了解这个大山深处少数民族的美食文化(图3-5)。而在新年元旦这一天,为迎接远道而来的客人,苗寨会安排现场宰农家猪,更有苗族传统的祭天祈福仪式,展现在游客面前。

图 3-5 打糍粑

三、苗寨刨猪汤晚宴

深居大山深处,农家猪是苗族同胞最贵重的宝贝。为了迎接远道而来的尊贵客人,苗族同胞会宰猪,并摆上刨猪晚宴加以款待。晚宴好菜、好肉、好酒招待,色香味俱全。在宴席间,我们的苗族阿妹会拉开嗓子,唱起苗族特有的敬酒歌,以独特的民族仪式招呼客人。

四、篝火晚会

篝火晚会是苗族迎接贵客的必备节目。苗寨被大山环抱,四周都是森林,绿树成荫,一场篝火晚会,大都是就地取材。在篝火晚会,各地游客会和苗族同胞一起唱起苗族山歌(如娇阿依),跳起苗族舞蹈(如踩花山),共同做游戏,热闹极了。

五、嫁娶习俗

在苗寨,有着独特的苗族婚俗。

(1)**画"把曲"**。画"把曲"是件十分吉利的事情,把曲被画得越黑,新娘过门后的生活就越红火,猪狗鸡鸭就会养得越肥壮。

(2)**哭嫁**。在出嫁前夕,新娘的女性亲戚会在新娘闺房中采用坐唱的方式进行哭唱。

(3)**抢亲**。抢亲在苗族婚礼中最具特色,年轻男女通过抢亲的方式表达自己大胆求爱的习俗。

(4)**摸锅灰**。在迎亲节目里,摸锅灰是必不可少的环节,主要目的是增添婚礼的乐趣。也流露出苗家人对有情人诚挚的祝愿。

(5)**宣誓**。为了表达男女双方对爱情的忠贞,婚礼时要在石磨岩旁进行宣誓:"我们将对爱情忠贞不渝,相濡以沫……"在众人的祝福目光下,男女双手合十,许下对婚姻最郑重的诺言。

拓展与提高

一支苗乡舞，纯正苗乡韵

在苗寨，会走路的孩子就会跳舞。而这些舞蹈都是来自苗寨居民发掘于生活中的舞蹈。

舞蹈《打草凳》，还原展示了生活在这里的苗族村民是如何将一根稻草编制成草凳的全部流程。

舞蹈《背脚佬》，将勤劳、朴实与真诚的苗家汉子背背篓的形象展现得淋漓尽致。

歌舞《晒秋》，欢乐的苗族青年男女，带着晒秋的农家器具，将金黄的玉米、火红的辣椒"晒"在太阳下，欢乐的场面展示丰收的喜悦和苗族青年男女质朴的心灵。

"这些苗族舞蹈中的动作多是来源于生活，虽然没有那么精致，却多了几分源于日常的真实与真情。"是苗族人生活最真实的写照。

技能训练

将班上学生分成小组，各小组选一位小组长带领组员，根据掌握的鞍子苗寨的情况进行团队活动安排服务演示。小组长根据教师设定的活动情景，进行模拟，并分组展示。

1. 角色：小组成员分别扮演导游、游客等角色。
2. 要求：

（1）以角色扮演的形式，按照本节讲解实例，完成鞍子苗寨的团队活动安排。

（2）根据情景剧表演情况，做好组间互评，听取老师的建议。

课后练习

1. 能根据旅游团成员的具体情况，熟练地为游客提供团队娱乐服务。
2. 根据所掌握的知识能独立安排一场具有吸引力的团队旅游策划。

第三节 鞍子苗寨导游服务

一、餐饮服务

鞍子苗寨风情园的习俗是以酒待客，刚进寨门会遇到拦路酒，最隆重的拦路酒有12道之多。倘若你不是个酒鬼，那么切记喝牛角酒时不要用双手来接，只要伸长脖子喝一小口就可以了，只要用手一接，你就得把整个牛角的酒一口喝干。待到吃饭的时候还要喝转转酒，酒量差的到这时候不用喝酒已经晕头转向了。苗家人认为酒喝得越多，就越给主人面子。苗家人吃东西有点讲究。吃鸡的时候，鸡肝、鸡杂是孝敬老年女子的，鸡腿是留给小孩吃的，客人是不能吃鸡头的，可不要乱吃哦！吃火烤的糍粑时，记得不要去拍灰。吃完饭后，不要勤快地去洗刷盛饭的工具，看看主人的行为再相继而动，因为有些苗族地区认为平常的时候洗盛饭工具会洗去家财、洗去粮食，只有在新米下来的时候才可以洗。主要推荐美食有老腊肉、糍粑、荞面豆花、肥肠米粉、一品老坛肉、顶罐饭等。

特色美食推介：糍粑

糍粑是用熟糯米饭放到石槽里用石锤或者芦竹捣成泥状制作而成，一般此类型的食物都可以叫作糍粑（图3-6）。

图3-6 糍粑

成品特点：咸的表面黄淀粉均匀，甜的黑芝麻粉均匀，软糯滋润，大小均匀。

烹制法：蒸　　　火候：旺火

简介：糍粑也称年糕，在过年的时候制作食用，过年前制作糍粑是农村上千年流传下来的习俗，具有浓厚的乡村风味。打糍粑活动成为大家过年前的一项重要准备活动。糍粑由糯米蒸熟再通过特质石材凹槽冲打而成，手工打糍粑很费力，但是做出来的糍粑柔软细腻，味道极佳。

糍粑的制作：有纯糯米做的，有小米做的，也有糯米与小米拌和做的，还有玉米与糯米拌和打成的。此外，还用粘米与糯米磨成粉，倒在一种用木雕模做的，模内刻有图案花纹，俗称"脱粑"。糍粑的制作非常费人力必须要几个人一起才能制作完成。

糍粑的吃法：一般是用炭火烤，叫烧粑粑，用青菜汤下粑粑片，叫煮粑粑，与腊肉炒，叫炒粑粑。粑粑做得多，一时吃不完的就用清水浸泡在水缸内，这样可以储藏2到3个月都不会坏，到插秧时候有粑粑吃。有些爱讲究的土家人，还用蓼竹叶包成1对1对的，在粑粑内放有芝麻和糖，吃起来又甜又香，俗名叫"蓼叶子粑粑"。特别好吃，还可以下面的时候丢两块进去。

糍粑的流传：土家族人普遍流行着一种过年"打粑粑"的习俗。土家人素有"二十八，打粑粑"的说法。每逢春节来临，农历腊月二十八，家家都要打糯米糍粑，所谓打糯米糍粑，据当地乡土志书记载："系糯米饭就石槽中杵如泥，压成团形，形如满月。大者直径约尺5，寻常者约4寸许，3至8分厚不等。"打糯米糍粑是一项劳动强度较大的体力活，一般都是后生男子汉打，两个人对站，先揉后打，即使冰雪天也要出一身汗。做粑粑也很讲究，手粘蜂腊或茶油，先出砣，后用手或木板压，要做得玉圆光滑，讲究美观。

二、住宿服务

如今的鞍子苗寨仍然还延续着罗氏家族原滋原味的风土人情，住的是青瓦木结构四合院、石海坝、吊脚楼和"马屁股"民居。所以来到鞍子苗寨景区可以住到民俗风情浓郁的木建筑及苗家吊脚楼里，能让游客感受到独特的苗家文化。

住宿推介：盘歌寨农家乐（图3-7）

盘歌寨农家乐主要经营项目有：特色苗家美食、苗家风情住宿

鞍子苗寨位于距离彭水县城46公里的鞍子乡，来到鞍子苗寨景区以后，几乎都是具有地方特色的苗家建筑，因景区位于乡下且还在开发当中，故在当地住宿环境没有太过于豪华的酒店，住宿环境基本都是在苗寨里面的农家乐居多。

图 3-7　客房内部环境

三、交通服务

鞍子苗寨位于重庆市彭水县鞍子乡境内，距离彭水县城约46公里，从重庆到达鞍子苗寨的交通工具可采两种方式。

（1）从重庆四公里交通枢纽站坐汽车到达彭水县城，到彭水后可在彭水车站乘坐县内班车到达鞍子景区。

（2）从重庆北站南广场火车站乘坐火车到达彭水县城，到彭水后可在彭水车站乘坐县内班车到达鞍子景区。

四、游览服务

来到鞍子苗寨以后我们可以根据当地浓郁的风俗民情进行导游服务，根据景区的规划有计划性地进行游览，游览线路可规划为苗家艺术展示区（苗寨工艺展示）—盘歌堂苗风苗趣展示中心区（苗风苗趣体验）—苗家生活展示区（苗寨生活体验，图3-8）—苗家石林对歌台区（苗家文化探秘）—苗家桑林私语区（苗寨风情体验）—苗家柏林情话区（苗寨风情体验）—苗家农耕风景区（苗寨农耕风景体验）

图3-8 苗家生活体验

五、购物服务

旅游购物品具有纪念性、针对性、艺术性和礼品性等特点，来到鞍子苗寨后我们可以购买具有当地特色的购物品。

特色购物品推介：苗家刺绣（图3-9）

苗族刺绣有一种极常见的人骑龙或骑水牯纹样，体现了苗族人民英勇无畏的气概和生活情趣。苗族民间艺术中的骑龙、驯龙、双龙的各种图案，再现了人们对龙敬而不畏的心理。

刺绣是苗族源远流长的手工艺术，是苗族服饰主要的装饰手段，是苗族女性文化的代表。鞍子苗寨的苗族同胞，他们创造了不同样式、风格的服饰。他们的服饰有便装与盛装之分，平日着便装，节目或姑娘出嫁时着盛装，无论服装还是头饰，工艺复杂，做工精细。苗族刺绣的题材选择虽然丰富，但较为固定，有龙、鸟、鱼、铜鼓、花卉、蝴蝶，还有反映苗族历史的画面。苗族刺绣十分美丽，技法有14类，即平绣、挑花、堆绣、锁绣、贴布绣、打籽绣、破线绣、钉线绣、绉绣、辫绣、缠绣、马尾绣、锡绣、蚕丝绣。这些技法中又分若干的针法，如锁绣就有双针锁和单针锁，破线绣有破粗线和破细线。苗绣是当地最具特色的购物品之一。

图 3-9　苗家刺绣

六、娱乐服务

旅游娱乐是指旅游者在旅游活动中所观赏和参与的文娱活动。它是构成旅游活动的六大基本要素之一。游、娱是旅游者的目的性需求，而食、宿、行、购则是为达到目的所必备的日常生活性质的需求。旅游者的需求是变化的，"求乐"正在变成旅游动机的主流。旅游娱乐活动属精神产品，横跨文学、艺术、娱乐、音乐、体育诸领域。旅游来到鞍子苗寨以后可以参加多种多样的民俗娱乐活动，如：放歌苗寨·娇阿依赛歌会、激情苗寨·相约鞍子篝火晚会、欢乐苗寨·民间民乐汇、风情苗寨·"观赏石林景观，体验民风民俗"自助游，以及多彩苗寨·农副产品展销暨美食展外，鞍子还承接了一个具有特别意义的活动——世承诺·山盟海誓苗家集体婚等各式各样的活动。

娱乐推介：集体舞蹈踩花山（图3-10）

苗族踩花山节又称"踩花山"，是苗族民间一个盛大的传统节日，主要流行于滇东北、滇南的苗族村寨，各地时间不一。"踩花山"最初是为了祭祀苗族的祖先蚩尤，后来的活动内容又花山祭杆仪式、爬花杆、芦笙歌舞、斗牛、武术表演等。节日期间，盛装的苗族男女打着五彩缤纷的花伞对唱情歌，热闹非凡。

苗族踩花山节是苗族人民的盛大节日，"踩花山"是花山节里的一个表演项目，分布在彭水苗族土家族自治县境内，主要是许多苗族青年男女作节日盛装围成一大圈载歌载舞，庆祝吉祥幸福。

图3-10 踩花山舞蹈

拓展与提高

糍粑

糍粑，南方各族小吃，流行于中国南方地区。贵州、重庆、四川、江西、湖南、福建、湖北、广西、陕西等地都有，又以江西九江、福建武夷山地区最为盛行，其中又以广西梧州的做法最为特别。安徽南部也有，主要是在重阳节的时候，作为节日食品供客人品尝。糍粑是以糯米、土豆为主料,清浸泡后搁蒸笼里蒸熟,再迅速放在石臼里舂至绵软柔韧,趁热将饭泥制作成可大可小的团状,搁芝麻炒香磨粉拌白砂糖(或是黄豆炒香磨粉拌白砂糖)的盘里滚动,即可取食。口感香甜。大凡有喜事,当地人都要做红糖拌糍粑招待客人,以表吉利。

技能训练

将班上学生分成小组,各小组选一位小组长带领组员,根据掌握的鞍子苗寨的情况进行团队导游服务演示。小组长根据教师设定的活动情景,进行模拟,并分组展示。

1. 角色:小组成员分别扮演导游、游客等角色。
2. 要求:
(1)以角色扮演的形式,按照本节讲解实例,完成鞍子苗寨的导游活动安排。
(2)根据情景剧表演情况,做好组间互评,听取老师的建议。

课后练习

1. 能根据旅游团成员的具体情况,熟练地为游客提供团队各种服务。
2. 根据所掌握的知识能独立安排一场成功的团队旅游策划。

导游词范例:

鞍子苗寨导游词

心心相惜同伴行,流连忘返不愿归。亲爱的各位游客朋友们大家好!欢迎大家来到鞍子苗寨参观游览。我呢就是带领大家本次游玩的导游。大家可以叫我×导,也可以亲切的叫我小×。相逢即是缘,今天我能与在座的各位相聚在这里呢,就是我们的缘分,所以希望在我的带领下能给大家带来一个愉快而又难忘的旅程。

彭水县鞍子苗寨民族风情园,位于距彭水县城46公里处的鞍子乡场镇所在地,包括大池村1组的石磨岩苗寨、神皇岍苗寨,鞍子村1组的云盘苗寨等,是一个集苗街、苗歌、苗舞、苗民村落、苗文化习俗、苗乡自然山水风光于一体的民族风情旅游景区。由于此地为罗氏后人流亡地,故又名罗家坨。这里是苗族聚居区,苗族人口90%以上,也是"民歌之乡"。鞍子原生态苗歌《娇阿依》荣获中央电视台青歌赛金奖。这里是集苗歌、苗舞、苗寨、苗俗和自然风光于一体的民族风情旅游区。境内地势周高中低,形似马鞍,俗称"鞍子头",鞍子乡因此得名。景区群山绵延,溪河纵横,田肥土沃,气候宜人,物产丰富。

这里是彭水苗族聚居最多，苗寨保存最完整，苗俗习惯最浓郁的山乡。生活在这里的苗民，他们行苗礼，习苗俗，过苗节，穿苗衣，唱苗歌，跳苗舞。著名的苗歌曲调"娇阿依"以其自然、奔放的气势，优美动听的旋律而流传千古，至今久唱不衰。2000年重庆市人民在政府将这里命名为苗族"民歌之乡"。苗族舞蹈"踩花山"也源自于此。鞍子苗寨民族风情园，是镶嵌在乌江画廊风景区众多旅游景点之中的一颗璀璨明珠。到这里观光旅游，可以探访一个古老民族的诸多奥秘；可以品味苗山、苗岭、苗民居厚重的历史文化；可以体验苗寨独特的民族风情；可以攀石磨、走石林、游云盘、逛神皇岈等景点，尽情嬉戏于苗乡奇异的自然山水之间。鞍子人热情好客，到此一游，可充分体验古老的苗族风情。

罗家坨苗寨四面环山，寨居山坳，因全寨子同为罗姓没有杂姓，故名罗家坨；苗寨地处梅子、诸佛、鞍子三乡接合部，罗家坨东邻梅子的甘泉村、诸佛的小里村，北与鹿角镇横路村隔河相望，西南与本乡的鞍子村相连，隶属鞍子乡新式村四组，距乡人民政府6公里，共有罗姓80余户，350余人，面积3平方公里（包括森林面积），其中：耕地面积1500亩，原始次生林面积2500亩，平均海拔800米，是一个山清水秀、人杰地灵、土地肥沃、物种丰富、气候宜人、苗族气息保存完好的苗族村寨。而今的罗家坨仍然还延续着罗氏家族原滋原味的风土人情，住的是青瓦木结构四合院、石海坝、吊脚楼和"马屁股"民居；以火铺、鼎罐、三脚、铁锅、石地、石磨、石滤、草凳等为生活工具；耕牛、犁头、锄头、蓑衣等为生产工具；背桶、背篼、高夹等为运输工具；娶亲嫁女按周公礼节，讲三媒六证，按三回九转之风俗，吹吹打打、骑马坐轿才能步入婚姻之殿堂；人死之后要请乐师，诵经拜佛，入棺上孝，开路、置办道场地多日（三、五、七、十一日至一月不等）方能入土安葬，七七四十九天后，亡人脱灾脱难，才能转世投胎，早升天界。罗氏家族人，能歌善舞，山歌、民歌优美动听，长唱不衰。

好了，游客朋友们，听完了我对苗寨的介绍大家现在是否已经按捺不住激动的心情了呢，那现在就给大家1个小时的自由参观游览时间，1个小时后在此集合。

第四章 民俗生态游——周家寨

> **知识目标：**
> 熟悉彭水周家寨的民俗文化历史；掌握彭水周家寨主要的旅游景点。
>
> **能力目标：**
> 掌握彭水的民俗文化，结合周家寨本身的资源，促进当地乡村旅游的发展；
> 能灵活运用与分析当地民俗的文化背景与文化内涵，能撰写个性化导游词；
> 能熟练地运用当地民俗文化知识进行导游讲解。

第一节 周家寨景点简介

一、景区概况

彭水县善感乡周家寨，毗邻龚滩古镇，与贵州的洪渡镇只有一江之隔，所以素有"一脚踏两省（三县）"之说。这里交通顺畅，水陆贯通，寨子又属于水库库区，是千里乌江画廊的重要支干，其江面辽阔，水流悠缓，有着近10平方公里水域面积。可以说，生长在周家寨的人出门就是水，一叶扁舟，是他们最灵巧的交通运输工具，江面上年复一年的舟渡，也默默地见证着寨子的兴衰起伏（图4-1）。

第四章 民俗生态游——周家寨

图 4-1 周家寨景区

一条清江，造就了如诗如画的风景；一曲流水，养育了质朴敦厚的人家。这就是乌江，它既是润物之本，也是泽人之源。自然之手，慷慨地在乌江之滨播撒了一颗颗明珠，位于彭水县善感乡的周家寨，像一颗明珠镶嵌在乌江画廊上，这里风光旖旎，生态良好、环境优美。境内碧水怀抱，奇峰异景，怪石林立，古树参天，苗乡风情，形成了以山水石林为一体的天然画卷。进入景区，如诗如画，使你心旷神怡，流连往返，俨然已成为彭水乡村旅游的新宠儿（图4-2）。

图 4-2 周家寨驿站

二、景区线路

折叠御龙神剑—怪石迷宫—水月洞天—苗家吊脚楼—龙桥驿站—健身步道—滨江文化广场

拓展与提高

玉龙神剑矗立于风景秀丽的周家寨景区龙桥之上,高 14.6 米,宽 1.4 米,重约 30 吨,由当地能工巧匠用整块巨石雕刻而成,堪称"天下第一剑"。相传,很久以前,苗族祖先在周家寨一带过着平静的生活,突然有一天来了群凶残无比的怪兽,祸害百姓,涂炭生灵,玉帝知道后,派东海龙王到此斩妖除魔,并赐玉龙神剑。龙王率子在当地百姓的帮助下,手持神剑将怪兽杀于龙桥之下。后来,为了保护当地的百姓不再受妖魔的残害,龙王及四子化作五座山脉,驻守在龙山上,又曰"五龙归位";并将玉龙神剑留于此,作为镇寨之宝。从此,天下太平,百姓安宁,风调雨顺(图 4-3)。

图 4-3 折叠玉龙神剑

技能训练

将班上学生分成小组,各小组选一位小组长带领组员,根据掌握的周家寨的情况进行导游讲解服务演示。小组长根据教师设定的讲解情景,进行模拟,并分组展示。

1. 角色:小组成员分别扮演导游、游客等角色。
2. 要求:
(1)以角色扮演的形式,按照本节讲解实例,完成周家寨的讲解任务。

（2）根据情景剧表演情况，做好组间互评，听取老师的建议。

课后练习

1. 能根据旅游团成员的具体情况，熟练地为游客提供导游讲解服务。
2. 根据所掌握的知识能独立创作一篇具有吸引力的导游词。

第二节　周家寨生态文化活动

一、周家寨活动

主要活动见下表。

周家寨活动

旅游项目名称	旅游设施
体验天下第一剑的雄伟	折叠玉龙神剑
感受喀斯特地貌的奇特	水月洞天
1. 品老鹰茶 2. 尝当地特色小吃	龙桥驿站
1. 俯瞰乌江画廊 2. 感受一下大森林的气息	登山健身步道

1. 怪石迷宫

怪石迷宫位于善感乡水田村一组，占地面积万余平方米，是4.5亿年前由地质变迁而形成的石林，境内怪石嶙峋，翠竹青青，藤蔓缠壁，物种繁多，气候凉爽，常年气温25℃，是集观光、休闲、纳凉为一体的天然迷宫。来到周家寨，一定不能错过的就是那充满奇幻色彩的"怪石迷宫"。如同诸葛亮布下的"八阵图"一样，这些巨石形成了一个天然的游戏场，其中岔路众多，难寻出处，若山中起雾，则更具一种诡谲气氛。这些造型诡异的石头，呈带状分布于森林之中，有的呈刀形，有的似"沙发"，有的却又像乌龟石门，绵延约2公里，形成巨大的怪石群。怪石群彼此之间相互联系，四通八达。置身其间，若只是沿着巨石之间的小路埋头乱走，很容易在石林里"打转转"（图4-4）。

图 4-4　怪石迷宫

2. 水月洞天

水月洞天位于风景秀丽的周家寨景区内,与怪石迷宫、天下第一剑连成一体,因洞中有水,水中有洞,洞中有天眼,洞上有天生的石拱桥。洞生于龙桥下的峡谷中,幽深林翠,水清见底。洞长10余公里,岩奇洞幽,遍布神工鬼斧,空气清新,凉气习习,常年气温在20摄氏度。洞外建有观光休闲亭、天然浴池等,是休闲、纳凉的旅游之地。

3. 登山健身步道

登山健身步道位于风光旖旎的乌江画廊边上,是善感乡重点打造的一个重点乡村旅游项目,项目总投资250万元,于2012年12月动工修建,全长10公里,该健身步道穿越周家寨6000余亩丛林,沿途设置有观景台、休息点等公共设施。该步道森林植被丰富,有参天的大树、茂密的丛林、涓涓的溪水;有满山的杜鹃、险峻的山峰、美丽的鸟儿;有旺夫涯、许愿台、相思峰、飞云瀑布、战壕等极致景点;有晒金山、起立树堡等美丽的传说(图4-5)。

图 4-5　折叠登山健身步道

二、周家寨文化

游览周家寨，游人将会感受到周家寨浓郁的苗族风情，探访这个古老民族的诸多奥秘。周家寨是一个集苗街、苗歌、苗舞、苗民村落、苗文化习俗、苗乡自然山水风光于一体的民族风情旅游景区。你可能不知道的是，这里还被称为"重庆境内最大的家族苗寨"，可谓是渝东南苗家文化的集散地了。

走进周家寨，你便能够深深地体会到苗家文化的厚重，这里独特的民族风情让人充满了好奇。寨子里的一切都尽显质朴，苗人衣着颇有古风，保存着完整的苗族民间文化，村民们把祖先能歌善舞的秉性沿袭下来，为游客奉献了原汁原味的民俗大餐。值得一提的是，他们至今还保持着苗族独特的婚恋、丧葬等风俗习惯，逢年过节时，村民们还聚集在一起表演山歌对唱，进行舞龙灯、踢毽子等传统民俗活动。

苗族刺绣，代表了中国少数民族刺绣的最高水平。从他们所穿的服饰中，我们便能略知一二。苗族妇女大都会使用彩色丝线，她们将独特、古朴、繁复和美丽的图样绣在服装上，其绣品色彩艳丽，对比强烈，设色单纯，图样取自苗族历史、神话、自然和生活，写意夸张，独具一种原始风格。其刺绣手法有平绣、辫绣、马尾绣和绉绣等二十余种。不光是苗族刺绣，银饰也是她们生活中并不可少的物件，刺绣和银饰，共同构成苗族女性盛装的主体特征。苗绣具有强烈的表意功能，是苗家文化的鲜活载体，被誉为"身上的史书"和"穿着的图腾"。你可以将它装裱成相框挂在大堂、客厅或酒店雅间，作为一件高雅的装饰品，也可镶嵌在衣服上搭配出另一番民族韵味的服饰，或是作为收藏和研究苗族文化的珍藏品而加以保留。

拓展与提高

苗家刺绣

苗族刺绣图案色调多种多样，松桃地区以花、鸟、虫、鱼为主，喜欢用粉红、翠蓝、紫等色，较为素净。黔东南多以龙、鱼、蝴蝶、石榴为图案，喜欢红、蓝、粉红、紫等颜色。黔中地带喜欢用长条、长方、斜线等组成几何图案，喜欢大红、大绿、涤蓝等颜色。艺术大师刘海粟对苗族的工艺给予很高的评价："缕云裁月，苗女巧夺天工。"古藏衣上刺绣的蝴蝶纹，是苗族纹饰中最常见和最重要的装饰文化，除了蝴蝶纹绚丽的因素外，还与苗族一个家喻户晓的神话传说——蝴蝶妈妈相关。在苗族人的心目中蝴蝶妈妈、大宇鹡鸟是苗族的始祖，是创业者，把这些蝴蝶、鸟纹绣在衣服上用以表示对祖先的尊敬与崇拜。这些图案还有明显的阴阳结合、创造生命的寓意。表达了苗族祖先对自然、宇宙、对生命起源的理解和认识。

技能训练

将班上学生分成小组，各小组选一位小组长带领组员，根据掌握的周家寨的情况进行团队活动安排服务演示。小组长根据教师设定的活动情景，进行模拟，并分组展示。

1. 角色：小组成员分别扮演导游、游客等角色。
2. 要求：
（1）以角色扮演的形式，按照本节讲解实例，完成周家寨的团队活动安排。
（2）根据情景剧表演情况，做好组间互评，听取老师的建议。

课后练习

1. 能根据旅游团成员的具体情况，熟练地为游客提供团队娱乐服务。
2. 根据所掌握的知识能独立安排一场具有吸引力的团队旅游策划。

第三节　周家寨乡村景点导游服务

一、餐饮服务

苗族人食物以大米为主，口味以酸、辣为主，尤其喜食辣椒。苗族的食物保存，普遍采用腌制法，蔬菜、鸡、鸭、鱼、肉都喜欢腌成酸味的。苗族几乎家家都有腌制食品的坛子，统称酸坛。以辣椒为主要调味品，有的地区甚至有"无辣不成菜"之说。来到周家寨可以品尝生态野生鱼、农家炖猪脚、红糖糍粑等农家特色菜。

特色美食推介：农家炖猪脚（图4-6）

农家炖猪脚是一道以猪蹄、粉条为主的炖菜。

图4-6　农家炖猪脚原材料

制作程序：

（1）将猪脚用水洗净，用刀剁成2~3厘米，用水将猪脚焯一下，向锅内加入水，放入猪脚、葱、姜，先大火烧开，再用小火炖。

（2）用水泡郁山金丝苕粉至膨胀，待猪蹄六成熟时放入粉条一起炖。至猪蹄极软

（3）用筷子将葱姜拣出，最后加盐、味精调好味即成。

二、住宿服务

来到周家寨景区可以住到民俗风情浓郁的驿站及苗家吊脚楼里，能让游客感受到独特的苗家文化。

住宿推介：苗家吊脚楼

苗族大多居住在山区，山高坡陡，平整、开挖地基极不容易，加上天气阴雨多变，潮湿多雾，砖屋底层地气很重，不宜起居。因而，苗族历来依山傍水，构筑一种通风性能好的干爽的木楼，叫"吊脚楼"。吊脚楼楼上住人，楼下架空，被现代建筑学家认为是最佳的生态建筑形式（图4-7）。

图4-7 吊脚楼

三、交通服务

在彭水县万足镇码头乘船，2 小时后到达周家寨；喜欢自驾游的朋友，从彭水县城出发，驱车 50 分钟到周家寨龙桥驿站。

四、游览服务

来到周家寨以后我们可以据景区的规划有计划性地进行游览，游览线路可规划为折叠御龙神剑—怪石迷宫—水月洞天—苗家吊脚楼—天下第一乌杨—龙桥驿站—健身步道—滨江文化广场。

天下第一乌杨位于周家寨境内乌江边上，树围 5 米多，直径 1 米多，树高 26 米，树冠 400 平方米左右，相传由三国时期涪陵太守庞宏所栽，距今已有千余年历史（图 4-8）。

图 4-8　天下第一乌杨

五、购物服务

来到周家寨后我们可以购买具有当地特色产品——老鹰茶。

购物推介：老鹰茶（图4-9）

毛豹皮樟的嫩枝嫩叶晒干后，可当茶泡饮，当地称它为老鹰茶，也作老茶。老鹰茶的叶片呈椭圆形，面绿背白，故又称白茶，富含芳香油、多酚类化合物，泡饮时较清香，滋味厚实，先涩后甘，滋味浓而口劲大。《本草纲目》有"止咳、祛痰、平喘、消暑解渴"等记载。老鹰茶全芽披毫，芽头饱满均整，游离氨基酸和可溶性糖含量较高。干茶色泽棕红，形态圆浑肥大、壮实；汤色黄亮，滋味醇和爽口、回甜、樟香浓郁。

营养价值：老鹰茶含有多种成分，如氨基酸、矿质元素、维生素C、维生素B_1、维生素B_2、黄酮类和多酚类物质。老鹰茶有高铁、高硒、高锌、高铬特征，有利于改善造血系统和内分泌系统的功能；其他微量元素如铷、磷、锌等对脑神经和心脑血管具有保健作用。老鹰茶对人体具有消渴去暑、消食解胀、解毒消肿、提神益智、明目健胃、散瘀止痛、止泻、止嗝等多种功效。

图4-9 老鹰茶

六、娱乐服务

旅游者来到周家寨以后可以参加多种多样的生态旅游活动，如：登健身步道、篝火晚会、钓鱼比赛等活动。

娱乐推介：

1. "多情善感，苗舞篝火"晚会

体验浪漫野外露营，互动参与激情苗舞篝火晚会，品尝野外特色烧。

2. "多情善感，爱心接力"登山比赛

以家庭为主进行登山接力比赛，观赏美丽山水风光。

3. "多情善感，鱼水情深"抢鱼大赛

游客及居民徒手抓鱼，抓得多的，可获得抢鱼王称号，抢到的鱼在当地农家进行加工、品尝（图4-10）。

图 4-10　抢鱼大赛

拓展与提高

篝火晚会

篝火晚会是草原人民一种传统的欢庆形式，相传在远古时代，人们学会了钻木取火之后，发现火不仅可以烤熟食物，还可以驱吓野兽，保护自己的生命安全，于是，对火产生了最初的崇敬之情。后来，人们外出打猎满载而归，互相庆祝获得了丰厚的战利品，傍晚，在用火烤熟食物的过程中，便互相拉手围着火堆跳舞以表达自己喜悦愉快的心情，这种欢庆的形式一直延续到今天，就形成了篝火晚会。

技能训练

将班上学生分成小组,各小组选一位小组长带领组员,根据掌握的周家寨的情况进行团队导游服务演示。小组长根据教师设定的活动情景,进行模拟,并分组展示。

1. 角色:小组成员分别扮演导游、游客等角色。
2. 要求:
(1)以角色扮演的形式,按照本节讲解实例,完成周家寨的导游活动安排。
(2)根据情景剧表演情况,做好组间互评,听取老师的建议。

课后练习

1. 能根据旅游团成员的具体情况,熟练地为游客提供团队各种服务。
2. 根据所掌握的知识能独立安排一场成功的团队旅游策划。

导游词范例:
周家寨导游词

亲爱的游客朋友们:

大家好!有一首歌曲叫《常回家看看》,有一种渴望叫常出去转转,说白了就是旅游。在城里待久了,天天听噪音,吸尾气,忙家务,搞工作,每日里柴米油盐,吃喝拉撒,真可以说操碎了心啊!

相逢即是缘,我是今天大家周家寨行程的导游,大家可以叫我阿丫,这位是我们的司机师傅阿纳,大家在此旅游,可以把两颗心交给我们,一颗是放心,交给阿纳师傅,因为他车技娴熟,从未出过安全事故;另一颗是开心,就交给我好了。旅游期间,请大家注意安全,记清导游旗的标志,以免跟错队伍,把握好游览时间。大家有什么问题和要求尽量提出来,我将尽力解决。最后祝大家这次旅游玩得开心、吃得满意,谢谢!

一条清江,造就了如诗如画的风景;一曲流水,养育了质朴敦厚的人家,这就是乌江,它既是润物之本,也是泽人之源。自然之手,慷慨地在乌江之滨播撒了一颗颗明珠,位于彭水县善感乡的周家寨,正是其中之一。

周家寨像一颗明珠镶嵌在乌江画廊上,这里风光旖旎,生态良好、环境优美。境内碧水怀抱,奇峰异景,怪石林立,古树参天,苗乡风情,形成了以山水石林为一体的天然画卷。进入景区,如诗如画,使你心旷神怡,流连往返,俨然已成为彭水乡村旅游的新宠儿。

不知不觉，各位游客朋友们已置身于怪石迷宫之中，怪石迷宫位于善感乡水田村一组，占地面积万余平方米，是4.5亿年前由地质变迁而形成的石林，境内怪石嶙峋，翠竹青青，藤蔓缠壁，物种繁多，气候凉爽，常年气温25摄氏度，是集观光、休闲、纳凉为一体的天然迷宫。

朋友们，我们现在所看到的是玉龙神剑，玉龙神剑矗立于风景秀丽的周家寨景区龙桥之上，高14.6米，宽1.4米，重约30吨，由当地能工巧匠用整块巨石雕刻而成，堪称"天下第一剑"。相传，很久以前，苗族祖先在周家寨一带过着平静的生活，突然有一天来了群凶残无比的怪兽，祸害百姓，涂炭生灵，玉帝知道后，派东海龙王到此斩妖除魔，并赐玉龙神剑。龙王率子在当地百姓的帮助下，手持神剑将怪兽杀于龙桥之下。后来，为了保护当地的百姓不再受妖魔的残害，龙王及四子化作五座山脉，驻守在龙山上，又曰"五龙归位"。并将玉龙神剑留于此，作为镇寨之宝。从此，天下太平，百姓安宁，风调雨顺。

现在我们所来到的是水月洞天，水月洞天位于风景秀丽的周家寨景区内，与怪石迷宫、天下第一剑连成一体，大家知道它名字的由来吗？因洞中有水，水中有洞，洞中有天眼，洞上有天生的石拱桥。洞生于龙桥下的峡谷中，幽深林翠，水清见底。洞长10余公里，洞内岩奇洞幽，遍布神工鬼斧，空气清新，凉气习习，常年气温在20摄氏度。洞外建有观光休闲亭、天然浴池等，是休闲、纳凉的旅游之地。

喜爱健身的朋友，你们的福利时间到了，大家眼前的就是周家寨登山健身步道，周家寨登山健身步道位于风光旖旎的乌江画廊边上，是善感乡重点打造的一个重点乡村旅游项目，项目总投资250万元，于2012年12月动工修建，全长10公里，该健身步道穿越周家寨6000余亩丛林，沿途设置有观景台、休息点、垃圾桶、厕所等公共设施。该步道森林植被丰富，有参天的大树、茂密的丛林、涓涓的溪水；有满山的杜鹃、险峻的山峰、美丽的鸟儿；有旺夫涯、许愿台、相思峰、飞云瀑布、战壕等极致景点；有晒金山、起立树堡等美丽的传说。

各位朋友，美好的时光总是短暂的，咱们的行程马上就要结束了。大家的热情给我留下了深刻的印象，同时，也希望我的服务能够给大家留下一丝美好的回忆。

有首歌，叫作"祝福"，里面的歌词是这样的："若有缘，有缘就能期待明天，你和我重逢在灿烂的季节。"在这里呢，我想把祝福送给大家，我衷心祝愿咱们能够再次重逢在阳光灿烂的季节！谢谢大家！

第五章　乡村民俗养生游——摩围山

> **知识目标：**
> 了解摩围山景区的概况；熟悉鞍子摩围山景区具体小景点内容及各种民俗活动；掌握摩围山景区当地的民族服饰民俗、饮食民俗、居住民俗、人生仪礼民俗、节日民俗、游艺民俗、宗教信仰民俗、禁忌民俗等。
>
> **能力目标：**
> 能灵活运用与分析当地民俗的文化背景与文化内涵，能撰写个性化导游词；能熟练地运用当地民俗文化知识进行导游讲解；能将当地的民俗文化融入乡村旅游的导游服务中去，使客人享受到舒心、满意的服务；能进行实地乡村导游讲解并合理安排游览线路，积极宣传摩围山景点。

第一节　摩围山景点简介

一、景区概况

摩围山景区游览区规划了五大板块：一是康疗养生，包括周易生态园、草药谷、国医馆、药膳馆、长寿养生馆、云顶道馆；二是生态观光，包括空中漫步长廊（书法栈道、惊险栈道、冥想台、静心台、诗画阁）、天坑花园、花海天湖、日月观景台；三是动感森林，包括养生健康登梯道、高山高尔夫、高山滑雪滑草场；四是森林休闲，包括画家沙龙、摩围图书馆、木香斋、玫瑰庭、野生猕猴桃园；五是餐饮、住宿、会议、娱乐等配套设施，将建一座四星级养生主题酒店和五星级的国际会议中心等（图5-1）。

图5-1 摩围山景区

摩围山景区处于重庆市彭水县茂云山国家森林公园，平均海拔1500米左右，森林覆盖率达91%，人称"悬在空中的氧吧"。市林科院专家检测表明，摩围山负氧离子含量是重庆解放碑220倍。目前，景区已建成开放的景点有飞云口、罗曼谷、养生登山道、豹头崖、摩围石林、健身天梯、休闲花道、高山草场8个，精心建设摩围山养生酒店，荣获"重庆非去不可"十大旅游景区称号。景区内建有一座规模能容纳300多人就餐、入住、会议的四星级养生主题酒店，集餐饮、住宿、会议、娱乐等配套设施。阳春，这里山花烂漫，香风送暖；盛夏，这里凉爽清新，碧空如洗；初秋，这里瓜果飘香，天高气爽；入冬，这里琼花玉树，雪花漫舞（图5-2）。可谓，处处美景，四季皆不同。

图5-2 摩围山雪景

二、景区线路（图5-3）

线路一：飞云口—木屋别墅—情人谷—摩天崖—花海—滑雪场—天鹅池；
线路二：天鹅池—摩围石林—水晶屋—露营地—摩围山养生酒店—长寿台。

图5-3 摩围山景点分布图

三、景点概况

（一）豹头崖

豹头崖海拔1562.6米，在这里我们不仅可以观赏到太阳跃出地面、跳出云端的瑰丽景观，秋天还可以观赏到崖下满目的稻穗麦浪随风荡漾的丰收景象。在这里有两大必须提到的奇观。一是这里是一个珍稀植物园，这里有种类繁多的中药材，在合适的季节还有艳丽红火的山茶花、香甜可口的猕猴桃、洁白的樱桃花，还有世界上濒临灭绝的天然珍稀抗癌植物——红豆杉；二是这里是一个地质景观点，大娄山脉由黔东迤逦而来，至摩围而巍然崛起，绵亘数十里，威山压群，势欲摩天。虽然这里不是摩围山的最高点，但是登临豹头崖，极目彩云飞，也能感受到"黔南千壑俱帘映于眼底"，"苗寨万家惊星落于野地"，也有"会当凌绝顶，一览众山小"之豪情。

（二）摩围石林

摩围山不得不提到的绝美一景就是石林，如图 5-4 所示。它由密集的石峰组成，有吉祥如意的"福临门"，千奇百怪的"石林迷宫"等十余个景点，犹如一片石盆地。不同于其他石林，它穿越数千米的茫茫原始森林，犹如一条巨龙盘踞在摩围山原始森林的腰间，神秘而美丽。不但拥有磅礴的气势，而且还有诗情画意的"文化石诗林"，很多文人墨客在这里附庸风雅，侃侃而谈，吟诗作画。

图 5-4 摩围石林

(三) 飞云口

飞云口是摩围山景区著名景点，由日、月两个观景台组成。驻足月台，可以观祥云升腾，极目夜郎国故地，任脚下云舒云卷。位于飞云口最前沿的"日台"，其海拔高度为1452.2米，雄峙突兀于数百米悬崖绝壁之上，在不同的季节，可以欣赏到不同的景致。在这里伫立凝神，可以拉长镜头探看千里田园风光，也可纵情吟咏白居易"不醉黔中争去得，摩围山色正苍苍"的迷人诗篇，还可以静听苗寨万家鸡鸣犬吠，更可取画笔涂抹一板苗乡之天光云影。

(四) 摩天崖

摩天，形容山峰极其高耸，可触摸天穹。摩天崖此处虽非摩围山至高点，但立于摩天崖，恰似置身云端之上。云层上另生别景，又见苍翠山色，远近层次分明，再观飞云口下祥云升腾，雾气冉冉，缭绕不绝，飘至脚下又迅即散逸，人立于此地仿佛腾云驾雾一般。待至天高云淡，满目清明，放眼望去，"黔南千壑俱帘映于眼底""苗寨万家惊星落于野地"。尤在日出日落之际，时光晕染，彩霞漫天，此刻方感秀美山川蕴藏万千生灵之妙趣。更有迷人时刻，对面山下春季苗寨农耕劳作，秋天丰收忙碌，如果您是有心之人，如果您是爱美之人，尽可收藏下这一幅幅超越时光的苗家画卷。

摩围山，摩天崖，来到此地生情怀。此处又何止是人人向往的观光胜景呢？这里还是种类繁多的野生动物和禽鸟的世外乐园。果子狸、野猪、松鼠等大自然的精灵在山石林子里出入无常，嬉戏其间；林间枝头上说不出名儿来的鸟雀们从来都是闲不住的，无论春夏秋冬，都会尽情展翅跳跃，兴致一来，便会各展婉转歌喉，众声和唱，汇成天籁。人入此境，任凭您羡慕忌妒，直叹人生不虚此行。

(五) 木屋村

木屋村目前已建成有20多幢大小各异的别墅型小木屋，是全木屋结构度假屋，木屋安装有地暖设备，即使屋外冰天雪地，屋内的人也如坐春风。木屋村空气清新，为天然的休憩福地，一声清脆的鸟语，助您进入忘我境地，一片飘逸的落叶，让您滋生亲近大地之情；这里的每一幢木屋，都与参天松柏相伴，在森林地气的滋润中，点缀在林间，若隐若现，雾气缭绕，仿佛人间仙境，与摩围林海交融为一。这情景，无疑成为了景区一道风景中的风景。您还可以携家人、约情侣、邀伙伴入住于此，徜徉林间，做一回苗寨土著，入梦木屋，当一回人间神仙（图 5-5）。

图 5-5　木屋

拓展与提高

我在彭水等你

词：庹志　曲：庹志

娇阿依 娇阿依
娇阿依 在等你
阿依河里的河水 轻轻的流淌
摩围山上的雪花 慢慢的飞扬
乌江两岸的猴子 在追逐着打闹
苗家寨里的阿妹 在向四处张望
我在彭水等你 等你来和我相遇
哪怕有再大的风雨 我依然等着你

我在彭水等你 等你来和我相聚
微风轻轻的吹起 远处传来了你到来的消息
娇阿依 娇阿依
娇阿依 在等你
阿依河里的河水 轻轻的流淌
摩围山上的雪花 慢慢的飞扬
乌江两岸的猴子 在追逐着打闹
苗家寨里的阿妹 在向四处张望
我在彭水等你 等你来和我相遇
哪怕有再大的风雨 我依然等着你
我在彭水等你 等你来和我相聚
微风轻轻的吹起 远处传来了你到来的消息
我在彭水等你 等你来和我相遇
哪怕有再大的风雨 我依然等着你
我在彭水等你 等你来和我相聚
微风轻轻的吹起 远处传来了你到来的消息
远处传来了你到来的消息

技能训练

将班上学生分成小组，各小组选一位小组长带领组员，根据掌握的摩围山景区的情况进行导游讲解服务演示。小组长根据教师设定的讲解情景，进行模拟，并分组展示。

1. 角色：小组成员分别扮演导游、游客等角色。
2. 要求：
（1）以角色扮演的形式，按照本节讲解实例，完成摩围山的讲解任务。
（2）根据情景剧表演情况，做好组间互评，听取老师的建议。

课后练习

1. 能根据旅游团成员的具体情况，熟练地为游客提供导游讲解服务。
2. 根据所掌握的知识能独立创作一篇具有吸引力的导游词。

第二节 摩围山民俗文化活动

摩围山主要旅游活动见下表。

摩围山旅游活动

旅游项目名称	旅游设施
文化体验（主要项目无尘空间、盐丹矿泉SPA、名人养生文化馆、重温苗蒸堂）	文化体验区
山林休闲（女性养生的鲜花美容休闲和针对老年养生的养老长寿休闲）	山林休闲区
康体运动（MINI高尔夫、马术俱乐部、滑雪场、山地自行车和养生功法练功广场）	康体运动区
度假庄园（乡村居所、商务别墅、度假庄园、森林木屋）	度假庄园区
云顶养生（包括云顶康体修复中心、密境心理辅导中心、花草药膳调理中心、森林医疗诊断中心）	生态养生区

一、泡冷泉

露天冷泉池冷泉泡浴借鉴著名的悦榕庄模式开发一系列露天汤池，汤池选址于高处，朝向广阔的空间，并使用十分原始的石材、木材，与环境相融合。

二、密境心理辅导中心

主要通过吐纳呼吸、参禅冥想等手段实现静心修性养生的效果，达到解压和提升心理素质的目的。主要有以下几种。

冥想台：选择林中静谧、环境优美位置建设3座原木材质搭建的冥想空间，空间及周边环境相对简洁，便于精力的集中，冥想台是为游客提供内心历练、精神放松的修行场所。

林间瑜伽：选择较为平坦的林间空间，地面铺设优质草坪，整体环境有一定的东南亚特色，总面积不大于200平方米。游客可在此空间内练习瑜伽，学习瑜伽课程（图5-6）。

参禅步道：养生公园内铺设木结构架空栈道，栈道两侧摆放有禅意小品或雕刻有禅意名言，游客在林间穿梭，参禅悟道（图5-7）。

图5-6　林间瑜伽　　　　　　　　图5-7　参禅步道

三、花草药膳调理中心

花草药膳调理中心主要为养生爱好者提供山野菜系、素斋、中草药膳和鲜花宴等生态自然或医学药膳科目中的内容。中心推出的传统养生饮食项目是具有典型的东方养生食品文化特色，特色养生饮食项目有：花斋系列、悟道饮品系列、膳斋酱菜系列等。

四、盐丹矿泉 SPA

盐丹矿泉 SPA 位于无尘空间和天坑之间的中部林地，主要以彭水的盐丹文化为依托，导入山顶无污染矿泉，形成独一无二的盐丹矿泉 SPA 项目，主要体现道教养生文化，整个项目融入本地盐丹文化和道教文化元素，可以在重庆众多温泉、冷泉项目中形成产品独特性，具有市场卖点。通过改变盐丹矿泉出水方式，形成具有不同理疗功能的游憩方式（图 5-8）。

图 5-8　盐丹矿泉 SPA

五、重温苗蒸堂

重温苗蒸堂位于朱砂沟一带，主要依托彭水苗族、土家族少数民族资源，通过整合提升，重点突出苗族医药养生文化。重温苗蒸堂结合苗族几千年的医药精髓，采用各种野生的中草药如野葛根、茯苓、黄精、玉竹、艾叶、黄柏、苦参、五倍子、皂角刺、透骨香等密制而成重温苗蒸堂熏蒸剂。同时结合现代高科技的负离子蒸汽机，借助热力，把人体血脉打通，把重温苗蒸堂熏蒸剂灌入人体，从而达到让皮肤吃药功效。

重温苗蒸堂在医药蒸疗的同时，融入苗族文化风情体验项目，不同区域每天定时进行主题型演出，如苗族婚嫁、苗族歌舞、苗族功夫、苗族节庆等。其中的苗家餐厅，为游客提供正宗的苗家土菜。中心设置舞台广场，上演苗家儿女表演的民族歌舞《娇阿依》，游客可同台载歌载舞。广场旁边设置一段生活走廊，其中由苗族少女生动地进行水车磨坊、织布、刺绣、银饰制作等民俗生活内容的动态表演，游客可参与其中。

六、悬空漫步（玻璃走廊）

悬空漫步玻璃走廊为"鲲鹏展翅"的头部，是整体由豹嘴挑空向外的马蹄形观光设施（类似美国科罗拉多大峡谷的空中观光玻璃平台），最远处至豹嘴达到 30 米，走廊完全为玻璃钢材质，产生通透悬空的视觉效果。走廊宽度为 3 米，廊道为全封闭矩形桶状格局，可四季全天候观光。

七、绝壁阳光（空中客栈）

绝壁阳光空中客栈为"鲲鹏展翅"的两个翅膀，位于豹嘴绝壁南北两侧，为立体结构的崖壁建筑（形态类似于洪崖洞）。南北两侧建筑形态风格一致但格局根据地形有所差异，空中客栈建筑为内走廊形式，客房全部东向，整体装修体现简朴高雅的禅意风格，每间客房均有大型落地玻璃窗朝向东侧，卫生间面积较大，包含有与玻璃窗相连的浴缸。空中客栈为 4~5 层，合计约 150 间客房，各层之间错落有致，穿插有露台休闲花园及云顶露天餐厅，建筑外观为仿木做旧形态。

八、花海天湖美颜馆

花海天湖美颜馆位于会议中心南侧，现低洼处，主要针对女性美容养生市场。通过对现有低洼地块进行适当的土地整理形成面积适中的水面，底部进行防渗处理。围绕天湖及至会议中心一线大面积种植观赏花卉，以营造罕见的水陆花海大尺度景观为依托，在强化山水景观的结合和区域整体提升的基础上，营造花海的浪漫气息，并将花文化、中医药文化有机融入，花海天湖美颜馆以草本、草药、花卉养生理念为主题，结合冷泉提供花瓣浴、草药浴等养生泡汤，并提供简易的花卉、草药简餐（图 5-9）。

图 5-9　花海

九、滑草场／滑雪场

滑雪场位于休闲运动板块中山地运动休闲区（地点暂定，根据需要，适当可往西扩展），预计建设高中初级滑道共 3 条（初级滑道和越野滑道各一条）和一个游客服务中心，可与其他运动项目共享。越野滑道与环山山地自行车道西侧路段重合。为丰富滑雪体验，在越野滑道沿线设置射击、野外烧烤等参与活动。

十、环山山地自行车道

沿本项目外侧栈道同时也是山地自行车骑行道，山地车俱乐部位于本区内，是环山山地自行车道的起点与终点，游客在此进行租车、还车，俱乐部建筑面积 300 平方米，沿途设置清晰简明的标识牌。

拓展与提高

摆手舞

摆手舞是土家族古老的传统舞蹈，主要流传在鄂、湘、渝、黔交界的酉水河和乌江流域，以重庆市秀山县、酉阳县、贵州沿河土家族自治县、湖北恩施自治州的来凤、湖南湘西自治州的龙山、永顺为主要传承地，共有四节。现恩施土家族苗族自治州有改编的新版摆手舞，更易于学习和传承。摆手舞分大摆手和小摆手两种。小摆手，土家语叫"Sevbax（舍巴）"或"Sevbaxbax（舍巴巴）"；大摆手，土家语称为"Yevtixhhex（叶梯黑）"。它集舞蹈艺术与体育健身于一体，有"东方迪斯科"之称。摆手舞反映土家人的生产生活。如狩猎舞表现狩猎活动和模拟禽兽活动姿态。包括"赶猴子""拖野鸡尾巴""犀牛望月""磨鹰闪翅""跳蛤蟆"等十多个动作。列中国首批国家级非物质文化遗产名录（图5-10）。

图5-10　土家族摆手舞

技能训练

将班上学生分成小组，各小组选一位小组长带领组员，根据掌握的摩围山的情况进行团队活动安排服务演示。小组长根据教师设定的活动情景，进行模拟，并分组展示。

1. 角色：小组成员分别扮演导游、游客等角色。
2. 要求：
（1）以角色扮演的形式，按照本节讲解实例，完成摩围山的团队活动安排。
（2）根据情景剧表演情况，做好组间互评，听取老师的建议。

课后练习

1. 能根据旅游团成员的具体情况，熟练地为游客提供团队娱乐服务。
2. 根据所掌握的知识能独立安排一场具有吸引力的团队旅游策划。

第三节　摩围山导游服务

一、餐饮服务

摩围山风景区能品尝到彭水许多的美食，苗家菜豆花、三香、鸡豆花等，应有尽有。自驾游的伙伴约上朋友在景区周边的小店吃烤全羊、烤鸡也别有一番风味，这里特别推荐大脚菌炖鸡汤，鲜美可口。

特色美食推介：大脚菌炖鸡汤（图5-11）

野生大脚菌生长于大山林中，一年只有在6月、7月、8月三个月中雨后出太阳的特殊条件下才会生长，2~3天后便会枯萎，人工是无法培植的，因此相当珍贵，是纯天然稀有高级营养食品。它不但含有丰富脂肪、蛋白质、碳水化合物、粮纤维、多种维生素。而且对健康、美容更有益。它具有清热、解烦、祛风散寒、舒筋活血，特别是对妇科疾病有着极大的辅助作用。该菌与正宗的农家土鸡炖汤，经过高级调料师的精心配制而成，使之成为味鲜可口，油而不腻，老少皆宜的滋养汤。

图5-11　大脚菌炖鸡汤

做法：

（1）将大脚菌干品50克用温水浸泡30分钟，洗净。

（2）锅内放入宰杀处理洗净的鸡（约1公斤）和适量的水，加入葱（打结）姜片、蒜片、武火煮沸，炖至鸡熟。

（3）加入大脚菌移文火炖至入味，加入精盐、味精、胡椒粉即成。

二、住宿服务

1. 摩围山庄养生主题酒店

摩围山庄养生主题酒店位于原林场厂部和天坑区域，整体建筑将天坑包含在内，与周围生态景观融为一体，是一座以养生文化为主题，集养生客房、药膳餐饮、商务会议、休闲娱乐等功能的五星级花园式度假酒店。

2. 乡村养生居所

位于野鹅池附近的村寨，以乡村风光为基调，包括田园生活重要的意象，如耕田、梯田、水塘、牧童、耕牛、油菜花、大树、庭院植物等，不同时节有不同的景象。以野鹅池村寨为基础，新建改建部分建筑和小品有村舍、祠堂、庵庙、书院、水车、水井、晒场、草垛等；以建筑与景观文化为基础，导入相适应的休闲娱乐方式、游憩方式、居住方式，以及各种物化外显的文化，如音乐、绘画等，将形成富有个性，且相对完整的小镇与乡村型旅游社区文化系统。整体上形成外观为乡村居所风格，但内部具有现代化功能设施的养生居所，进行田园生活节奏生活方式的体验。

3. 森林木屋村

森林木屋村主要位于小干沟一带。选取世界各国以木结构为主要建筑材质的、最具代表性的民居建筑采用木屋形式予以集中表现，采取组团式的布局形式，适度营造主题环境景观（图5-12）。

同时选取林地密集的区域建筑树屋，树屋造型各异，但保证内部住宿设施齐全。树屋的设计采用全球方案征集的手段，不拘一格；树屋的设计同样可以借鉴模仿电影中的布景，将很多荧幕场景照搬至此，成为一大特色。

图 5-12　森林木屋村

三、交通服务

从重庆到摩围山的交通工具可采用乘坐火车或者汽车来到彭水县城再乘坐汽车到达摩围山风景区。

四、游览服务

来到摩围山风景区以后可以根据景区游览线路图进行游览服务，建议游览线路一：飞云口—木屋别墅—情人谷—摩天崖—花海—滑雪场—天鹅池；线路二：天鹅池—摩围石林—水晶屋—露营地—摩围山养生酒店—长寿台。或者根据喜好就摩围山规划的养生项目六大区域进行推荐性游玩。

五、购物服务

摩围山海拔较高，农产品更是健康营养，来到摩围山一定要买一些农产品，像珍贵的野生大脚菌、晶丝苔粉等。

特色购物品推介：

1. 野生大脚菌

纯天然食用大脚菌生长在海拔 2000 米左右，生长期只有 2~3 天，每年生长 1 次（有些年份不生长），年产几千公斤。由于无法人工培育，只有上山采摘。大脚菌在全国是独有，与其他任何菌种是不同的，由于年产量很少，多数时间缺货。

大脚菌分黄褐色、白色。气味浓香，质地细嫩，汤色乌黑油亮，食之清香爽口；可炒、可烧、可炖。是家庭食用、承办宴席、赠送贵宾的珍稀贵重佳品。大脚菌含有丰富的维生素和蛋白质，营养价值极高。对人体有滋补、降压、健脾、美容和调节新陈代谢的作用，还可清热以及预防妇科疾病等。大脚菌以其特有的价值被西欧国家誉为"山珍菌王"。在众多大脚菌菜肴中，尤以"大脚菌炖鸡"享誉重庆（图 5-13）。

2. 晶丝苕粉

晶丝苕粉选用无污染土质、无污染水源、无公害的纯天然红薯植物为原料，采用原始的加工工艺，全手工精致提炼而成。其色微黄或微黑，光亮透明，味道滋润爽口，口感绵软，光滑富有弹性。并富含多种人体必需的营养物质，是居家、餐馆和馈赠亲友，老少皆宜的美食佳品。郁山牌晶丝苕粉荣获"重庆市名优食品""重庆市九九迎春优质产品"。清乾隆年间就列入朝中贡品，2003 年在市迎春展销会上再次被市商委评为"消费者喜爱产品"；联合国粮农组织将它定为保健食品（图 5-14）。

图 5-13　大脚菌

图 5-14　晶丝苕粉

六、娱乐服务

旅游来到摩围山景区以后可以参加多种多样的娱乐活动，如盐丹矿泉SPA、滑雪场、鲜花美容休闲等各式各样的活动。

娱乐推介：摩围山苗族、土家族歌会

每年分别在苗族与土家族重大节日举办歌会各一次，邀请当地少数民族歌舞演员在露天环境中放歌，多姿多彩的少数民族青年与森林花海相映生辉，带来最原生态的艺术体验。

拓展与提高

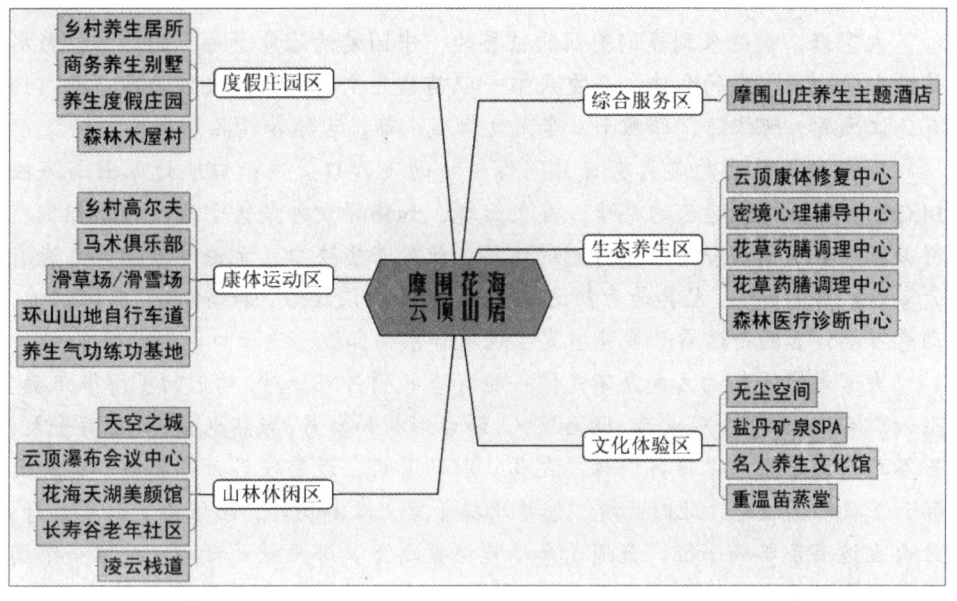

分区	子项目
度假庄园区	乡村养生居所、商务养生别墅、养生度假庄园、森林木屋村
康体运动区	乡村高尔夫、马术俱乐部、滑草场/滑雪场、环山山地自行车道、养生气功练功基地
山林休闲区	天空之城、云顶瀑布会议中心、花海天湖美颜馆、长寿谷老年社区、凌云栈道
综合服务区	摩围山庄养生主题酒店
生态养生区	云顶康体修复中心、密境心理辅导中心、花草药膳调理中心、花草药膳调理中心、森林医疗诊断中心
文化体验区	无尘空间、盐丹矿泉SPA、名人养生文化馆、重温苗蒸堂

摩围山养生项目区域规划图

技能训练

将班上学生分成小组，各小组选一位小组长带领组员，根据掌握的摩围山的情况进行团队导游服务演示。小组长根据教师设定的活动情景，进行模拟，并分组展示。

1. 角色：小组成员分别扮演导游、游客等角色。
2. 要求：
（1）以角色扮演的形式，按照本节讲解实例，完成摩围山的导游活动安排。
（2）根据情景剧表演情况，做好组间互评，听取老师的建议。

课后练习

1. 能根据旅游团成员的具体情况，熟练地为游客提供团队各种服务。
2. 根据所掌握的知识能独立安排一场成功的团队旅游策划。

导游词范例

日月同辉——飞云口

亲爱的游客：

大家好，欢迎来到我们美丽的被誉为"中国爱情治愈圣地"的彭水，彭水是渝东南一颗璀璨的明珠。是重庆唯一以苗族为主的少数民族自治县，境内拥有乌江画廊、阿依河、摩围山、蚩尤九黎城、郁山古镇等精品景区。

现在我们来到的是具有日月同辉美称的飞云口。飞云口地处摩围山海拔1452.2米处，高低起伏的群峰，霞飞云绕，如伟岸众神聚集于此，相簇相拥。群山环抱之下形成一道深不可测的峡谷，此处正当峡口，无论晴天雨天，皆有云雾嬉戏冒涌追逐，尤其是千仞绝壁之上，云雾初淡还浓，如铺似染，如缠似诉，动感万端，真的是远看如展开水墨，近观如亲临仙境，飞云口也因此得名。

大家看我手指的方向是不是像一轮弯弯的明月呢？对，你们回答得很正确。飞云口有日、月两个观景台，顾名思义，两台形状如日月，当然也含"日月丽乎天，百谷草木丽乎土""日月同辉"之意。驻足月台，近赏峡谷云蒸霞蔚，远眺天际云下夜郎国故地，此时此境，您将思接千里，心游物外，而任脚下云卷云舒。月台左边有条羊肠小径，直通千米峭崖绝壁之上，那里就是日台，就像一个圆盘悬浮在半空中，站在上面令人心惊胆颤。在这里观云赏雾更为方便，山峰雄峙突兀，云雾飘荡脚下，时浓时淡，时急时缓，无限风光尽收眼底，真有"荡胸生层云"的诗境。不同时节、不同天气条件下，日月观景台上将呈现不同景致。时而云雾漫天，时而清晰明澈，无论如何，您都可在此驻足凝神，或者拉长镜头探看千里田园风光，或者静听苗寨万家鸡鸣犬吠，或者取出画笔涂抹一板奇山异峰、苗乡之天光云影。站在日台向我们的右手边高处看去是不是有一头"豹子"矗立在那边，那就是我们的豹头崖，我们现在沿着栈道去豹头崖一睹它的风采。

游客朋友们，神奇摩围山的游览就到此结束了。俗话说："天下没有不散的宴席。"但是我相信，有缘的我们还会再相见的。最后祝愿大家一路顺风，旅途愉快。

第六章　乡村民俗历史文化游——郁山古镇

> **知识目标：**
> 了解郁山古镇的概况；熟悉郁山古镇景区具体小景点内容及各种民俗活动；掌握郁山古镇悠久的历史渊源、古镇深厚的文化底蕴、古镇的主要民俗活动。
>
> **能力目标：**
> 能灵活运用与分析当地民俗的文化背景与文化内涵，能撰写个性化导游词；能熟练地运用当地民俗文化知识进行导游讲解；能将当地的民俗文化融入乡村旅游的导游服务中去使客人享受到舒心、满意的服务；能进行实地乡村导游讲解并合理安排游览线路，积极宣传郁山古镇。

第一节　郁山古镇简介

弯弯古盐道，静静石板街。置县两千年，建镇七百载。物华天宝，盐丹谱就辉煌史；人杰地灵，山谷吟出不朽篇。三江汇聚，闻夕阳牧笛，稻香两岸；四面交通，有小桥流水，物散八方。龙舟泛波，万人齐声起巨浪；狮舞腾巷，千盏宫灯不夜天。古井旧宅，秦砖汉瓦溢俊彩；老巷陈街，故酿新烹飘奇香。巴渝有古镇，凤凰栖郁山（图6-1）。

第六章 乡村民俗历史文化游——郁山古镇

图6-1 郁山古镇景区

重庆市彭水苗族土家族自治县郁山镇，《黔之驴》的故事发生地。位于渝东南与湖南、贵州接壤处，地处彭水县东北部，距县城39公里，幅员面积149.6平方公里，辖4个社区、11个村，共计78个村民小组，有11734户，40619人（其中城镇人口9427人、农村人口31192人）。郁山是一个以农业为主，拥有建工建材、小食品加工和商贸流通的中心集镇，农副产品加工较为发达。饮食以晶丝苕粉、擀酥饼子、鸡豆花最为有名。

郁山因盐兴镇，5千余年的盐业开发史，孕育了丰富多彩的郁山文化，是"黔中文化"的发祥地。"从煮盐、采丹、聚集人口，开发地方产业，到疏通水道运输，便是郁山地区文化的特点"（任乃强《四川上古史新探》）。长期作为区域政治、经济中心，在漫长的历史进程中，郁山形成了具有浓郁地方特色的区域文化，经过千百年的融合、提炼，已深深地固化在以郁山为中心的广泛区域内各族群众生产生活的各个领域，衍生出了盐丹文化、城镇文化、饮食文化、建筑文化、民俗文化等一系列文化种类。

郁山古镇是彭水县"一线三点"旅游活县战略的历史文化探秘区，历史悠远,文化底蕴深厚,素有"小上海"之称。这里曾经是今渝黔湘鄂的政治、经济、军事、文化中心。夏商至春秋战国时期为巴国和楚、秦的经济重地,西汉置涪陵县,三国设涪陵郡,唐设黔中道,历史沿革2000余年。漫长的盐丹开发史,诉说了无数的传奇故事;众多的文物遗址,记录着数千年的辉煌历程;绚丽的民族文化,造就了古镇独有的人文风情;历史名人志士的驻足,留下了珍贵的文化遗产;可口的特色美食,散发着古老文明的气息;秀美的山水风光,描绘出多情的丹青长卷。

拓展与提高

盐水女神

盐水女神是盐水部落的首领,土家人尊称为德济娘娘。相传为廪君的妻子。廪君姓巴氏,名务相。巴氏是巴郡(今四川东部)和南郡(今湖北中部)地区少数民族部落五大姓氏之一。这五姓部落世代穴居,没有君长而信奉鬼神。在五姓族人争夺君长的比试中,务相获胜,被众人拥立为君。为求部落的生存发展,廪君乘坐自制的雕花土船,率众沿夷水(今湖北清江)北上,与盐水部落女神相遇。盐水女神对这位五姓部落的首领一见钟情,于是软语温存,一片热情真诚相挽留:"此地广大,鱼盐所出,愿留共居。"廪君考虑到部落之间生存利益的争夺,没有答应。入夜,盐神来到廪君船上,与之共宿。天明则化为盈盈一飞虫,麇集万千同类,如云如阵,遮天蔽日,使廪君莫辨东西。这样过了七天七夜,廪君终于心生一计,差人将一缕青色丝线作为定情之物赠给盐神,要她系在身上,表示两人永相合好。盐神欣然受诺。廪君站在一块向阳的坡石上,照着青丝一箭射去,正中盐神,天地于是豁然开朗。

技能训练

将班上学生分成小组,各小组选一位小组长带领组员,根据掌握的郁山的情况进行从导游讲解服务演示。小组长根据教师设定的讲解情景,进行模拟,并分组展示。

1. 角色:小组成员分别扮演导游、游客等角色。
2. 要求:
(1)以角色扮演的形式,按照本节讲解实例,完成郁山古镇的讲解任务。
(2)根据情景剧表演情况,做好组间互评,听取老师的建议。

课后练习

1. 能根据旅游团成员的具体情况,熟练地为游客提供导游讲解服务。
2. 根据所掌握的知识能独立创作一篇具有郁山古镇特色的导游词。

第二节　郁山古镇民俗文化活动

一、古镇活动

（一）狮龙群舞

舞龙是起源于中国的传统舞蹈，舞龙和舞狮，古时是在一年中的大型节日里的节目之一。舞龙运动是指舞龙者在龙珠的引导下，手持龙具，随鼓乐伴奏，通过人体的运动和姿势的变化完成龙的游、穿、腾、跃、翻、滚、戏、缠、组图造型等动作和套路，充分展示龙的精、气、神、韵等内容的一项传统体育项目。中华民族是世界上人口最多的国家，世界各地的华人都把"龙"作为吉祥之物，在节庆、贺喜、祝福、驱邪、祭神、庙会等期间，都有舞"龙"的习俗。

郁山古镇的舞龙更是一绝，每年正月十五，大街小巷全是舞龙的，玩狮子的，敲鼓的，由当地民众自组织，到每家每户舞龙，主人要给舞龙的发红包。传言龙到家里拜年，可以去除一年的邪恶气（图 6-2）。天还没有黑各家各户就准备好充足的鞭炮，因为这里舞龙还有一特点，鞭炮响多久龙就舞多久，所以放鞭炮的人都铆足了劲，备足各种鞭炮。敲鼓的乐队、玩狮子的、踩龙船的、打灯的，可热闹了，鞭炮可劲地炸，巨龙在鞭炮火光中来回穿梭。

（二）盐客调

"各位盐客挑盐过，听我唱首挑盐歌／八方盐客来扯伙，沿途唱的是什么／高石坎儿路过，一肩挑上头道坡／上到头来歇气坐，凉风吹来好快活／上不得坡来嘛伙计，喂——慢慢上嘛／问你那个话，你说嘛／念不得姣来哟依哟，慢慢逛嘛哟依哟……"老人略带沙哑的嗓音铿锵有力，众人脚下好像一下子又有了用不完的力气，踩着歌曲的调子，铆足了劲，在青石板上快步行走。"盐客调"是老挑夫们随口唱出的歌调，一般由老背夫领唱，其他背夫跟随附和，以化解路途的苦闷。据了解，"盐客调"多为即兴创作，起源的具体时间已无从考证，分为上坡调、平路调、下坡调，根据音调不同，就可知道挑盐队伍所处的位置是上坡、平路或下坡（图 6-3）。

第六章　乡村民俗历史文化游——郁山古镇

图 6-2　郁山古镇舞龙活动

图 6-3　盐客人工运盐

二、古镇深厚的文化底蕴

盐丹文化：经过漫长的盐丹开发史，盐井挖掘、保护、卤水采集、提炼、盐水浓缩、蒸煮、食盐包装、运输、丹砂炼制、呈贡，这一整套的制盐炼丹技术和工艺促使郁山形成了完整的盐丹产业链。同时工具制造技术和盐泉保健功能研究，也为盐丹文化增色不少，留下许多与盐丹有关的遗迹遗址和优美的传说故事。盐业的发展，带动了当地经济发展和社会进步，推动了其他产业的兴起，尤其是商贸、煤炭、运输、饮食、制造、建筑等产业，同时促成了城镇的兴起和发展，使各种文化相继产生。

城镇文化：在长期作为区域行政、经济、文化中心的特殊氛围中，在历代文人墨客和开明政务的推动下，郁山形成了独具特色的城镇文化。在说唱表演艺术方面，产生了郁山花灯、鱼鼓筒、川戏坐唱（当地称"围鼓"）和大院说书（当地称"说怀书"）等新的艺术形式；在文学艺术方面，黄庭坚曾谪居于此，留下了许多千古名篇，他在郁山（当时称黔州）所写《竹枝词》中"鬼门关外莫言远，四海之内皆兄弟"的名句，尤为众所乐诵。而唐朝文学大师柳宗元根据黔州的趣闻所作《黔之驴》，更是妇孺皆知，家喻户晓。在大师的熏染下，当地崇尚文学之风尤其，历代著书立说者甚众。新中国成立后，当地文学、书法、美术、摄影等艺术作品多次在全国、省市级比赛中获奖。在群众性体育活动方面，更是兴起了以武术（曾被授予全国武术之乡称号）、端午龙舟竞渡（曾被授予省、地级龙舟之乡的称号）、元宵花灯狮舞为代表的群众参与性极强的体育项目，同时，各社区纷纷成立腰鼓队、龙狮舞队，经常性地组织开展各种文体活动，群众参与体育活动的热情高涨，成为当地有名的体育大镇、文化大镇。

迁谪文化："黔中"地区地势险恶，生存环境恶劣，被历代统治者看作是蛮荒之地，从而长期作为惩戒皇室成员和官员的迁谪、流放地。唐太宗的废太子李承乾等四人，都是流放在黔州（彭水），开国元勋长孙无忌，太常博士柳芳及宦官高力士、朱光辉、唊（旦）庭瑶、陈仙甫等，都流放到黔州，而著名诗人王昌龄也左迁黔州龙标，宋朝黄庭坚也在黔州安置达3年，这些人的到来，给当地带来了先进的主流文化和宫廷文化，明显地促进了当地文化的发展。

饮食文化：长期处于区域中心城镇，在盐业的推动下，城镇商业，尤其是饮食业迅猛发展，形成了以特色食品的生产、制作为主要内容的独具魅力的饮食文化。产生于清嘉庆年间的郁山擀酥薄皮厚馅，酥脆香软，食而不腻，曾为皇室贡品；产生于清乾隆年间的郁山晶丝苕粉，晶莹剔透，滑软爽口，蜚声南北；鸡豆花、三香、都卷子、糯米糍粑等更是美名远播的地方食品，深受当地民众和过往客商的青睐。

建筑文化：盐业经济的强大支撑，使郁山为中心的区域产生了具有代表性的民族建筑风格。雕梁画栋的四合院，匠心独运的土家大院，别具风情苗家吊脚楼，封火墙高耸的石街，尤以"九宫十八庙"为代表。木构的瓦房，雕花的窗棂，石雕柱础，花园古井，穿逗图纹，奇檐翘拱，古朴气息，扑面而来。

民俗文化：多民族长期共同生活，相互影响，相互融合，共同创造各具特色的民俗文化。以土家"摆手舞"、苗家"踩花山"和市井"盐客调"为代表的民族歌舞，千百年流传不衰的苗家民歌和土寨山歌，具有鲜明特色的苗族、土家族服饰，婚嫁、寿庆、丧葬、祭祀仪式，生产生活用品，构成了典型的郁山民俗文化。

拓展与提高

踩花山

"踩花山"最初是为了祭祀苗族的祖先蚩尤，后来的活动内容有花山祭杆仪式、爬花杆、芦笙歌舞、斗牛、武术表演等。节日期间，盛装的苗族男女打着五彩缤纷的花伞对唱情歌，热闹非凡。

苗族踩花山节是苗族人民的盛大节日，"踩花山"是花山节里的一个表演项目，分布在彭水苗族土家族自治县境内，主要是许多苗族青年男女着节日盛装围成一大圈载歌载舞，庆祝吉祥幸福，具体起源时间尚不得知。

"踩花山"是当地苗族男女青年自由恋爱的一种别称。节日前由有威望的老人选择一个象征"吉祥"的开阔地作为"跳场坪"，并竖起花杆，整理好周围的环境，为青年男女踩花山做好准备，届时跳场坪上张灯结彩，红旗飘扬，锣鼓喧天，鞭炮齐鸣，青年们从四乡八寨向花杆地方涌来，身着对襟短衣、头缠青色长巾、腰束布带的男子和身着镶有花边图案或挑花服装，佩戴银质耳环、手镯、戒指和项链等首饰的妇女，围绕花杆，伴随芦笙、唢呐、胡琴等民族乐器的节拍围着花杆歌舞。在歌舞中，如小伙子发现意中人，就迅速解下腰间横背的雨伞，向姑娘撑去。女方中意就半推半就地许诺；如果不中意，就立即绕到姑娘圈子里躲避；若是男女双方中意，就在伞下倾吐衷情，并用对歌的形式了解对方情况。同时，青壮年男子还要按苗家的传统习惯，举行爬杆比赛。

技能训练

将班上学生分成小组，各小组选一位小组长带领组员，根据掌握的郁山古镇的情况进行团队活动安排服务演示。小组长根据教师设定的活动情景，进行模拟，并分组展示。

1. 角色：小组成员分别扮演导游、游客等角色。
2. 要求：
（1）以角色扮演的形式，按照本节讲解实例，完成郁山古镇的团队活动安排。
（2）根据情景剧表演情况，做好组间互评，听取老师的建议。

课后练习

1. 能根据旅游团成员的具体情况，熟练地为游客提供团队娱乐服务。
2. 根据所掌握的知识能独立安排一场具有吸引力的民俗活动。

第三节　郁山古镇导游服务

一、餐饮服务

1. 郁山三香

三香，俗名包圆，因做法不同或是原材料上的差异，又被称为卷子或条子，和烧白、鸡豆花一样，是当地逢年过节、红白喜会宴席上必备的珍馐。郁山三香因产自郁山古镇而得名。真正的郁山三香以半肥瘦新鲜猪肉、土鸡蛋、红薯淀粉为主料。将洗净的猪肉去皮，切成筷子粗细的肉片，加入淀粉，用土鸡蛋稀释至抓着能从手指缝流出为宜。接着加适量精盐、花椒、大蒜、生姜等佐料拌匀，选当年的芭蕉叶或荷叶包裹成条状，上笼用大火一次性蒸熟，然后趁热切斜片装盘即可上席。稍微讲究的还要在其下加上底子。底子用干豇豆、油炸豆腐条、白菜丝、胡萝卜丝等加辅料炒制而成，其做法是先在碗中呈梅花状均匀摆放好切好的三香（一般是十六片）加热，再将准备好的底子盛入倒扣于盘中才成。此品呈金黄色，晶莹油亮，碎肉裂口可见，香气浓烈，绵润爽滑，味丰可口，质感醇厚。作为传统菜肴，彭水城乡各地皆喜制作三香待客，唯郁山三香因色香味俱佳成为上品。每有外地客人偶尝郁山三香，便有欲罢不能之感（图6-4）。

图6-4 彭水郁山三香

2. 郁山鸡豆花

鸡豆花是一道制作极为精细的工艺菜肴，从菜名上就可以想象得出，将鸡肉做成像豆花般软嫩爽滑。鸡胸脯肉做的形似豆花的菜肴，是川菜当中的功夫菜，由于做工复杂费时，很多川菜馆都已经撤掉这道菜，几近失传。而这"鸡豆花"的出处，据说流传于重庆彭水县郁山镇，这小地方虽然名不见经传，却是当年唐朝流放皇亲国戚的地方，所以郁山镇有很多似"鸡豆花"般的做工精细的精美菜肴流传下来，相传"鸡豆花"竟是一个小丫鬟的失误做出的菜肴：相传唐太子李承乾被贬到郁山后，被安置进流所内（开元寺附近），设施简陋，不但与皇宫有天壤之别,甚至不及当地富户居所。他终日以泪洗面,闭门不出,茶饭不思,油盐不进,身如枯柴。承乾在郁山整天不吃不喝,随身丫鬟可心看在眼里,急在心上。她用尽各种烹调方法,不断变换口味,仍无济于事。一天,可心边为承乾做鸡肉丸子,脑子里边想着"怎么办?"打鸡蛋清时,她因走神,竟将蛋清打成了泡沫。剁鸡脯肉时,她再次走神,又将鸡脯肉剁成了肉末浆。她索性将二者混合搅拌,一起倒入汤中,没想到不但泡沫不散,反结成了白白的"豆花"。惊奇之余,可心加以佐料后品尝,味道细腻鲜美。进餐时,承乾也一反常态,连吃了两碗。从此,"鸡豆花"这道美食便在郁山传播至今(图6-5)。

图6-5 彭水郁山鸡豆花

3. 郁山擀酥饼

图6-6 彭水郁山擀酥饼

郁山擀酥饼于清朝嘉庆年间，由"严富春斋"研制而成，至今已有200余年历史。郁山擀酥饼采用上等的面粉、饴糖、芝麻、黄豆、桂花等原料，经手工精制而成。成品呈金黄色，具有"香、甜、酥、脆"的特点，食后"丹桂盈口"。有名人食后赞道："食尽江南珍馐味，始知郁山有擀酥。"郁山擀酥饼工艺是中华酥饼制作工艺中的一朵奇葩，不愧为原始手工技艺的"活化石"。如今，郁山擀酥饼已被列入重庆市市级非物质文化遗产名录（图6-6）。

二、交通服务

郁山古镇距彭水县城有47公里，国道319线和郁江穿城而过，新渝怀铁路和二级公路贯通全境。从重庆到达郁山古镇的交通工具可采用乘坐火车或汽车来到彭水县城，再乘坐汽车40分钟左右到达郁山古镇。

1. 公交线路

方案1：重庆火车北站（龙头寺）—彭水火车站—彭水外河坝车站—郁山车站（用时4小时30分钟）

方案2：南坪四公里公交枢纽站—彭水外河坝汽车站—郁山车站（用时3小时40分钟）

2. 自驾线路

重庆内环高速—巴南界石收费站（包茂高速入口G615）—彭水保家出口—郁山古镇（用时3小时）

三、游览服务

郁山境内群山屹立，苍翠挺拔，有伏牛之雄、玉屏之险、凤凰之秀。更有郁江、中清河、后照河三江汇流。特别是后照河峡高谷深，秀谷流丹，更有溶洞成群，集"幽、奇、险、峻"于一体，极具开发价值。景区内景点有郁山镇滑石板和南京街等古街道、太平桥、盐场遗址、飞水井、中青河、后照河、古民居、黄庭坚衣冠冢、唐太子李承乾墓、贺龙德政碑、汉砖汉墓、历代碑刻、旧式建筑。

四、购物服务

来到郁山古镇后我们可以购买具有当地特色的郁山擀酥饼、三香、晶丝苕粉等，同时，还可以购买到彭水当地比较有名的土特产，如野生大脚菌、刺梨酒。

五、娱乐服务

旅游者来到郁山古镇以后可以参加多种多样的民俗娱乐活动，如：土家"摆手舞"和苗家"踩花山"、苗家民歌和土寨山歌对唱、舞龙狮等各式各样的活动。

拓展与提高

九宫

1. 万寿宫。在今南京街，新中国成立后改为区粮站。原为江西会宫，现存部分砖墙和梁柱，宫前有一坑，叫万人坑，传说张宪忠路过，杀人无数，抛于此坑。

2. 禹王宫。清末改为郁山丹泉小学堂——郁山小学前身，过去正殿有金龙悬于藻顶，供奉大禹神像，宣扬大禹治水业绩，为两湖会宫，后毁，建郁山中心校。

3. 南华宫。在今郁山理发社背后，老街天生厚后面，原为广东会馆，今无存，早建民居。

4. 紫云宫。又名玉皇阁或山西会馆，在郁山镇渡口塘边，为明代建筑，祀李冰父子，原三连乡政府，毁于房地产开发，已建新车站和农贸市场。

5. 万天宫。在郁山渡口塘岸边石壁上，现存石砌庙基，黄桷树荫，为明代建筑，新中国成立前后军粮库在此，原有戏楼，又叫四王庙，后毁，建粮油公司厂房。

6. 三圣宫。在太平桥头，南京街，又名川祖庙，供奉刘关张神像，宣扬桃园结义同生死共患难精神，已毁，无存。

7. 巧圣宫。供奉鲁班神像，又名鲁班庙，在今老街后，采购站旁，过去石木泥篾等匠人常在腊月二十这天来此敬祖师，已毁，建民房。

8. 文昌宫。供奉文昌帝君像，为明代木结构青瓦建筑，宫前石坝有一砖塔，用于焚烧字纸，在今火电厂门前，已毁，建民房。

9. 悬天宫。为木结构青瓦依山而建的尼姑庵，有玉皇大帝殿，每年办盂兰会，香火旺盛，现仅存庙基和渣石果残墙，在今郁山镇白马堂街后坡，已由公房改成多家民房。

十八庙

1. 开元寺。始建于唐玄宗元年（公元712年），为大四合院群落，有三重大殿，神像多尊，寺前有石山门，两坡石梯今存，但其上阳刻楹联已风化，模糊不清。寺前有一泉，因北宗诗人黄庭坚嫡居开元寺，并在此井吸水炼丹，故名丹泉井。是郁山最早、最大的佛寺佛庙，今仅存不全的石山门和二重石阶梯及石砌庙基。

2. 壁山庙。庙内前后殿供奉壁山菩萨及无常二娘、牛头马面等。庙内设多种机关和梢息，十八层地狱鬼怪阴森恐怖，每年七月十五打清教，把壁菩萨"肉身"佛像抬上街，由丁熬几十个大岩岈的叫花子扮成无常、小鬼等游街，原庙在茶耳岩、去棉子地的石板街边，今已毁，建多家民房。

3. 天池寺。在今郁山镇白马堂社区，原为四合院天井寺庙，木结构建筑，八字型山门，庙内有泥塑、木雕神像多尊，为尼姑庵，灾荒年在此曾设孤儿院，改土造平原时毁坏，今无存。

4. 文庙。在今后灶坝，内有戏台及云龙石刻，塑孔子神像，为乡试童生和学政提供方便，并设义渡，这里曾办郁山民办小学，三连中学，原庙已不存在。

5. 武庙。原郁山镇老街口，新中国成立后曾在庙内设郁山派出所临时监狱，过去内有操坝、擂台、石阶看台，有各种比武器械存放，为习武和武举人提供比赛场所。供关公大刀神像，今存残缺封闭的石拱门。

6. 龙王庙。在郁山镇太平桥左桥头下，庙内有戏楼、石海坝，曾兴设米市，新中国成立之初郁山图书馆设于庙内，今不存，已毁，建民居。

7. 乾檐洞。为尼姑庵，失于钢锣寨顶建的竹音寺，因水要到乾檐洞挑取，后将竹音寺移建乾檐洞故名，新中国成立后尼姑还俗，郁山"勒戒所"于此为瘾民强行戒鸦片烟，庙毁，今存庙基及石墙，留下石碑多块，已建"怀龙亭"。

8. 白池寺。在现郁山白池村，从李承乾墓（天子坟）。过代颈坪即到，为砖木结构瓦房，因寺庙宽敞，新中国成立后就改为白池小学，曾经多次修造，而今已面目全非。

9. 回龙寺。为明代佛寺薄砖四合院瓦房，在今郁山镇中井村金斗园。寺庙下的土堡是人工堆垒成的，地下可能有暗室通道，现已成民居。

10. 寿井寺。又名蚩龙庙，在原老郁山旧址，与原老文昌宫同为明代重修建筑，有上下殿，庙门结实，天井四合院落立有盐神蚩龙神像，过去郁山井主、盐商多敬奉盐神，在此烧香、乞求，今毁，仅存不全的庙基。

11. 雷祖庙。在今郁山镇水卷子前面，现存天井，古式屋顶及雕花梁柱，以前郁山搞饮食的、卖小吃及开栈房的多在此办会，敬雷祖。

12. 张爷庙。与雷祖庙仅一墙之隔，今农贸市场有一庙供奉张飞神像，每年古历八月二十这天，开屠杀猪的都要到张爷庙敬奉业祖。现多家肉摊在此处营业，但张爷庙荡然无存。

13. 詹皇庙。原郁山老街滑石板上有一小庙，有人说是个土地庙，非也，这是詹皇庙，所供奉的主神是詹厨子，古历八月十三这天称为"进詹"，凡在镇上的厨子，餐饮业的从业人员都要用茶盘端上耳鼻插蒜花的熟猪头敬詹爷，今此庙其上已建民居。

14. 香山寺。在今郁山镇和睦村，为木结构天井，四合院，回廊式建筑，供奉大小神像多尊，为尼姑庵，庙前有高大的檬子、枫香古树、茶林，新中国成立之初设有私塾，后改为村小学，庙毁，今无存。

15. 莲花寺。郁山镇所辖，从后灶河，一线天上马合有一建在莲花盘石岩上的木结构瓦房为尼姑庵，供奉观世音菩萨大慈大悲，普度众生。已拆毁。

16. 茶殿寺。在郁山镇棉子地，偏岩子，有一建在哇岩下的木结构道观，曾有柔婆居士寄居在此。今虽存，但破旧不堪。

17. 蛩龙庙。在今郁山镇大坝村，汉化鸡鸣井（盐井）遗址上，此处过去为郁山镇的重要人行故道。有黄庭坚书"秀谷流丹"提写岩上，故道边有一全石小庙，供奉蛩龙神像，曾一度香火昌盛的盐神庙。

18. 马王庙。在郁山镇后坡，一路边巨石上，建有一石凿小庙，内供马王菩萨，下有一石穴可拴马骡十匹，郁山过去靠马骡驼运、做面、乘骑，养马骡的人户和马骡医都要来此庙敬奉马王菩萨，有时要把马骡赶到小庙下的石穴下避风雨过夜，待病好后索回。现此庙早毁，成为闹市。

技能训练

将班上学生分成小组，各小组选一位小组长带领组员，根据掌握的郁山古镇情况进行团队导游服务演示。小组长根据教师设定的活动情景，进行模拟，并分组展示。

1. 角色：小组成员分别扮演导游、游客等角色。
2. 要求：
（1）以角色扮演的形式，按照本节讲解实例，完成郁山古镇的导游活动安排。
（2）根据情景剧表演情况，做好组间互评，听取老师的建议。

课后练习

1. 能根据旅游团成员的具体情况，熟练地为游客提供团队各种服务。

2. 根据所掌握的知识能独立安排一场成功的团队旅游策划。

导游词范例：

郁山古镇导游词

亲爱的游客朋友们，大家好！欢迎来到魅力乡镇之巴渝千年古镇——郁山古镇。郁山古镇是彭水县"一线三点"旅游活县战略的历史文化探秘区，历史悠远，文化底蕴深厚，素有"小上海"之称。这里曾经是今渝黔湘鄂的政治、经济、军事、文化中心。夏商至春秋战国时期为巴国和楚、秦的经济重地，西汉置涪陵县，三国设涪陵郡，唐置黔中道，历史沿革2000余年。漫长的盐丹开发史，诉说了无数的传奇故事；众多的文物遗址，记录着数千年的辉煌历程；绚丽的民族文化，造就了古镇独有的人文风情；历史名人志士的驻足，留下了珍贵的文化遗产；可口的特色美食，散发着古老文明的气息；秀美的山水风光，描绘出多情的丹青长卷。

现在映入我们眼帘的就是郁山古镇老街了，街面青石板被岁月磨得光亮，可以照出人影。两边是穿逗木屋，做工精致，建造独特，经数百年风雨侵蚀而不显颓废之势，郁山老街与别的地方老街那种前店后居的格局有所区别，这里的房屋前面一小门，进去后里面是小小的庭院，一派古色古香。

漫步老街，过太平桥，便来到飞水井。飞水井在中井河北岸，一股手腕粗细的山泉从数米高的山岩缝隙中飞出，继而噼里啪啦地落到中井河水面。中井河是郁江的支流，水色漪旎，如绿松石般诱人，但却咸而涩，难以入口，更不能解渴。据说飞水井是西南地区现存历史最悠久，保存最完好的天然盐井，相传其发现甚至与逃难而来的九黎部落有关。飞水井那么小，当然满足不了生产需要。从汉代起，人们又开凿出许多盐井，唐时在飞水井下面挖出"母井"。于时，原来的卤井像个撒尿的孩子，"公母"结合，教人哑然失笑。其实，附近岩壁可见许多孔洞，即当年的输卤笕道。将楠竹或者斑竹打通内节后连接成笕，这些竹笕一头连着盐井，一头连着蓄卤池，含盐丰富的卤水，便顺着输卤笕道流入盐作坊中。

五千年前先民在此取水煮盐，郁山因盐而兴旺，郁山因盐而闻名，经过漫长的盐丹开发史，盐井挖掘、保护，卤水采集、提炼，盐水浓缩、蒸煮，食盐包装、运输，丹砂炼制、呈贡，这一整套的制盐炼丹技术和工艺促使郁山形成了完整的盐丹产业链。同时，工具制造技术和盐泉保健功能研究也为盐丹文化增色不少，留下许多与盐丹有关的遗迹遗址和优美的传说故事。盐业的发展，带动了当地经济发展和社会进步，推动了其他产业的兴起，尤其是商贸、煤炭、运输、饮食、制造、建筑等产业，同时促成了城镇的兴起和发展，使各种文化相继产生。

从老街后坡上行，爬完一溜陡直的石梯，便到了怀龙亭前。当年贺龙时任国民革命军陆军第一百六十九旅长时，奉命驻军郁山，智勇双全的贺龙在此整治军纪，操练士兵，杀富济贫，兴利除弊，保护一方平安，深受当地老百姓的拥护和爱戴。贺龙离开后，当地百姓自发的修建了这座亭子，以纪念"功比宗韩"的贺龙旅长。政声人去后，芳名留千古。

好了，游客朋友们，走了这么远的路程想必大家的肚子正在召唤着主人呢！那接下来我们就一起去品尝一下郁山古镇的美食吧！

第七章　民俗画卷游——凤凰花海

> *知识目标：*
> 了解凤凰花海景区的概况；熟悉凤凰花海景区具体小景点及各种民俗活动；掌握凤凰景区当地的饮食民俗、居住民俗、礼仪民俗、节日民俗、禁忌民俗等。
>
> *能力目标：*
> 能灵活运用与分析当地民俗的文化背景与文化内涵，能撰写个性化导游词；能熟练地运用当地民俗文化知识进行导游讲解；能将当地的民俗文化融入乡村旅游的导游服务中去，使客人享受到舒心、满意的服务；能进行实地乡村导游讲解并合理安排游览线路，积极宣传凤凰花海景点。

第一节　凤凰花海景点简介

凤凰花海位于彭水县汉葭街道白溪社区二组，这里空气清新，风景优美，是养身养心、休闲度假的好去处。

一、景区概况

凤凰花海距离彭水县城25公里，交通十分便利，每年四季花繁似锦，从二月份开始樱花、郁金香、油菜花、向日葵等各种名贵花卉成片开放，景色美丽如画。届时，还会举办樱花节、郁金香观赏季等，丰富的娱乐活动结合美丽的自然风景，配上淳厚的民风，绝对是放松心情、陶冶情操的好地方。花海农庄内设农家乐餐饮、住宿、会议、娱乐等，同时还设有篝火晚会、农家体验等，垂钓场坐落在花海中心，游客可以自由垂钓游玩。新兴的游乐场是花海的一大亮点，游客可以去尽情游玩，重拾回童年的记忆（图7-1）。

图 7-1　凤凰花海

彭水凤凰花海生态农业旅游观光度假区自2014年1月起开始打造，是以白溪新农村建设及生态观光休闲农业产业发展为前提，以游线整合及周边村落资源联动开发为基础的区域性旅游开发项目。通过景区化、休闲化与产业化理念的提出，整合乡村旅游资源，普及特色观光休闲农业，提升原生态旅游与山乡绿色休闲度假养生方式的复合型、综合性旅游度假区，从而形成以生态观光农业开发为宗旨，集科研、种植、养殖、旅游休闲为一体的四季花海生态观光园，成为彭水县一节一赛的重要补充，现已完成游客接待中心、樱花文化广场和环山旅游道路等基础设施的建设。

凤凰花海是一个以生态观光农业开发为宗旨，集科研、种植、养殖、旅游休闲为一体的四季花海生态观光园，为确保成品优质高产，生态园聘请农业专家为技术指导，总面积约10000亩，其中流转土地3000亩、林地1000亩。具体项目为：立体化种植樱花3000亩，黄栀子1000亩，名优花卉苗木1000亩（法国原装进口薰衣草200亩，美国原装进口观赏向日葵500亩，郁金香50亩，荷兰观赏百合50亩，薰衣草200亩，凤凰木等彩页苗木200亩；养殖特种野兔、蓝孔雀、红腹锦鸡等珍禽集生态观光旅游度假配套设施。

二、交通线路

1. 公交线路

（1）南坪四公里公交枢纽站—彭水汽车站—凤凰花海（用时3小时30分钟）

（2）彭水小河桥汽车站—白溪场—凤凰花海（用时70分钟）

2. 自驾线路

（1）重庆内环高速—巴南界石收费站（包茂高速入口G65）—彭水保家出口—保家工业园区（过桥左转）—凤凰花海（用时2小时40分钟）

（2）彭水县城—保家工业园区—凤凰花海（用时40分钟）

（3）彭水县城—构树坪高速路桥过河—凤凰花海（用时40分钟）

拓展与提高

《送郎调》歌词

送郎哎，送到呵缸豆林哎，手摸缸豆诉苦情哎；
要像缸豆成双对，莫像茄子打单身哎；
送郎哎，送到呵海椒林哎，手摸海椒诉苦情哎
像海椒红到老，莫像花椒起黑心哎；
送郎哎，送到呵竹子林哎，手摸竹子诉苦情哎
要像竹子长青翠，莫像巴毛一个春哎。

技能训练

将班上学生分成小组，各小组选一位小组长带领组员，根据掌握的凤凰花海的情况进行团队导游讲解服务演示。小组长根据教师设定的讲解情景，进行模拟，并分组展示。

1. 角色：小组成员分别扮演导游、游客等角色。
2. 要求：
（1）以角色扮演的形式，按照本节讲解实例，完成凤凰花海的讲解任务。
（2）根据情景剧表演情况，做好组间互评，听取老师的建议。

课后练习

学生结合所学凤凰花海的相关知识分小组设计一篇导游词。

第二节 凤凰花海民俗文化活动

一、"吃刨汤"

"吃刨汤",是我国西南地区农村历史悠久的一种民间习俗。所谓"吃刨汤"就是农村在快要过年的时候,家里杀年猪时邀请亲朋好友,把猪的新鲜肉和内脏等煮一大锅,配其他菜,大家一起吃喝、谈笑,哪家要吃"刨猪汤",那天这户农民家中就会十分热闹,边吃边谈,既联络友情,又互通信息,还筹划来年发展,颇有意义,所以这种"吃刨汤"文化,能沿袭至今(图7-2)。

图 7-2 吃刨汤

二、竹竿舞

竹竿舞是贵州省南部罗甸县董王乡一带苗族群众在生产生活中自创的一种自娱性舞蹈,主要是表现苗族青年男女对自由恋爱的追求与理想,一般在重大节庆日与迎接贵客时演出。

竹竿舞的演出要求并不十分苛刻，道具要求也相对简单化。只要有一块平坦的草地，就可以进行演出。一般是 8 对男女青年进行，演出时男子着短衣，腰系红绸缎；女子着苗族特有的手工大摆裙，由苗族大堂鼓伴奏打节拍，和以一阵阵的欢呼声，与红绸缎、彩裙一起烘托出一种朴素洒脱的美（图 7-3）。

竹竿舞一般分山间偶遇、搭桥过河、相恋、抬新娘回家四个环节组成，各个环节都流露出苗族青年男女真挚的情感，饱含着许多原生态的审美元素，古朴自然。

图 7-3　苗族竹竿舞

三、踏青习俗

图 7-4　踏青

踏青为春日郊游，也称"踏春"，中国民间在春天的郊游和散步，结伴到郊外原野远足踏青，并进行各种游戏以及蹴鞠、荡秋千、放风筝等活动，是一种重要的旅游习俗。中国民间踏青习俗由来已久，传说远在先秦时已形成，也有说始于魏晋。据《晋书》记载：每年春天，人们都要结伴到郊外游春赏景，至唐宋尤盛。据《旧唐书》记载："大历二年二月壬午，幸昆明池踏青。"可见，踏青春游的习俗早已流行。一般指初春时到郊外散步游玩。旧时曾以清明节为踏青节，不过，踏青节的日期因时因地而异，有正月八日的，也有二月初二或三月初三的，后来则以清明出游踏青赏花居多（图7-4）。

拓展与提高

彭水民间说唱与民间戏剧

1. 民间说唱

（1）诸佛幺二三鼓。

诸佛幺二三鼓，又叫"十二杯酒"，是保留在诸佛乡红门村的一种将军鼓，在大中小三只鼓的伴奏下，叙说古代帝王将相的丰功伟绩。

（2）鱼鼓筒。

鱼鼓筒即道情，是保留在郁山镇的一种说唱艺术。

（3）薅草锣鼓。

薅草锣鼓是劳动说唱的一种，可以改造成漂流锣鼓。

2. 民间戏剧

（1）木蜡庄傩戏。

渝黔边大垭乡的木蜡庄保留着最原始、最完整的傩戏。

（2）朱砂三人花灯。

朱砂三人花灯是保留在郁山镇原朱砂乡的一种花灯表演艺术。

（3）郁山围鼓。

郁山围鼓是川剧的坐唱形式。

技能训练

将班上学生分成小组，各小组选一位小组长带领组员，根据掌握的凤凰花海的情况进行团队活动安排服务演示。小组长根据教师设定的活动情景，进行模拟，并分组展示。

1. 角色：小组成员分别扮演导游、游客等角色。

2. 要求：
（1）以角色扮演的形式，按照本节讲解实例，完成凤凰花海的团队活动安排。
（2）根据情景剧表演情况，做好组间互评，听取老师的建议。

课后练习
1. 能根据旅游团成员的具体情况，熟练地为游客提供团队娱乐服务。
2. 根据所掌握的知识能独立安排一场具有吸引力的团队娱乐策划。

第三节　凤凰花海乡村景点导游服务

一、餐饮服务

彭水凤凰花海的主要餐饮设施是彭水县凤凰花海农庄，产品有农家蜂蜜、散养土鸡、凤头糟姜、山地牛羊肉、泉水娃娃鱼、纯正红苕粉、烤鱼、烤鸡、烤兔、各色农家菜等，也可为游客提供自助烧烤设备等服务（图7-5、图7-6）。

图7-5　烤全羊 　　　　　　　　　图7-6　自助烧烤

二、住宿服务

凤凰花海位于彭水县汉葭街道白溪社区二组，距离彭水县保家镇较近，所以游客可以选择到保家镇住宿，镇上有各式宾馆可供游客自由选择。也可以选择到彭水县县城内入住乌江明珠大酒店或两江假日酒店，相比保家镇内选择更多。同时，凤凰花海还提供露营服务，游客可以自主选择。

三、交通服务

可采用乘坐火车或者汽车来到彭水县城再乘坐公共汽车到达凤凰花海景区。

四、游览服务

三月一起去彭水，共同欣赏美到爆的凤凰花海，满山遍野盛开的樱花，色彩艳丽艺术感极强的立体风车，象酒杯一样醉人的荷兰郁金香，还有古朴的民风和自然的山水，逛累了顺便钓两条鱼，亲手做一次自做烧烤或品尝下——凤凰花海休闲度假中心（图7-7）的特色菜肴（红烧娃娃鱼、松茸炖土鸡、风味烤全羊、苗家腊猪排），想想都要流口水了，带上你的家人、朋友，来一趟说走就走的浪漫樱花之旅吧！这里是中国著名的爱情治愈胜地，有你想不到的惊喜哟！

图 7-7　凤凰花海休闲度假中心鸟瞰图

五、娱乐服务

旅游娱乐活动属精神产品，横跨文学、艺术、娱乐、音乐、体育诸领域。游客来到凤凰花海可以参加多种多样的休闲娱乐活动，如篝火晚会、农家体验、垂钓、露营等活动。

拓展与提高

凤凰花海导游词

人间四月芳菲尽？NO，进入盛夏的7月，彭水县的凤凰花海依然山花烂漫，花香醉人。亲爱的游客朋友们，大家好，欢迎大家来到凤凰花海观光游览，我是大家此次花海之行的导游，大家叫我小向就好，接下来咱们就边走边听，边看边玩吧！

凤凰花海位于彭水县汉葭街道白溪社区二组，这里空气清新，风景优美，是养生养心、休闲度假的好去处。眼下，从国外引进的十多个品种向日葵正相继绽放，其中几个彩葵新品种还是首次和市民见面，咱们赶紧去看一看吧！"赤日红焰"开得热烈，"出水芙蓉"开得淡然，"乐翻天"金边红瓣，"月影"烂漫，"墨池"吐金，"绿波仙子"则开得万般风情。

据了解，为饱市民眼福，凤凰花海彩葵园今年新引进了15个彩葵新品种，其中黑色"黑天鹅"、绿色"活力"、紫色"醉云长"、黄色"好运多"及红色"宝石红芳"等属于首次亮相。向日葵总共有100多亩，花期1个月，现在是赏花最好的时候，这些向日葵的花籽还可食用、榨油，具有很高的经济价值。

这个季节没有什么花比向日葵更积极向上，当你靠近她的时候，她便以最绚烂的笑容迎接远方的你。

"兰陵美酒郁金香，玉碗盛来琥珀光。但使主人能醉客，不知何处是他乡。"郁金香高贵典雅、娇艳妩媚，被誉为"花中皇后"，拥有"七彩凤凰"之美誉的凤凰花海郁金香已盛开啦，大家快去看看吧！

技能训练

将班上学生分成小组，各小组选一位小组长带领组员，根据掌握的凤凰花海的情况进行团队导游服务演示。小组长根据教师设定的活动情景，进行模拟，并分组展示。

1. 角色：小组成员分别扮演导游、游客等角色。
2. 要求：
（1）以角色扮演的形式，按照本节讲解实例，完成凤凰花海的导游活动安排。
（2）根据情景剧表演情况，做好组间互评，听取老师的建议。

课后练习

1. 能根据旅游团成员的具体情况，熟练地为游客提供团队各种服务。
2. 根据所掌握的知识能独立安排一场成功的团队旅游策划。

第八章 民俗惬意游——长生油菜花海

> **知识目标：**
> 了解长生油菜花海景区的概况；熟悉长生油菜花海景区的具体内容及各种民俗活动；掌握长生油菜花海景区当地的民族服饰民俗、饮食民俗、居住民俗等。
>
> **能力目标：**
> 能灵活运用与分析当地民俗的文化背景与文化内涵，能撰写个性化导游词；能熟练地运用当地民俗文化知识进行导游讲解；能将当地的民俗文化融入乡村旅游的导游服务中去使客人享受到舒心、满意的服务；能进行实地乡村导游讲解并合理安排游览线路，积极宣传长生花海景点。

第一节 长生花海景点简介

长生油菜花海素有"田园花海，养生福地"之美誉，花开时节，遍地金黄，蜂飞蝶舞。景点内活动丰富有趣，田园花海观光、民族风情表演、千人健身长跑、百姓大舞台、情诗书法大赛、婚纱摄影、篝火晚会等，游客将在这里找到属于自己的那份闲情逸致（图8-1）。

第八章 民俗惬意游——长生油菜花海

图 8-1 长生花海景区（一）

一、景区概况

长生油菜花海，位于重庆市彭水县长生镇政府所在地，是一块占地面积约3000余亩的平坝。这里人文历史悠久，西晋道教首领范长生曾在此修身悟道，形成了独特的长生文化；这里有秀丽的自然风光，诗意浓浓的油菜花田，如一幅打开的画卷，景色怡人，恍如世外桃园；这里有浓郁的民族风情，苗族、土家族、汉族聚居在这片美丽的土地上，交汇融合，创造了丰富多彩的民族文化（图8-2）。

余邵诗云："油菜花开满地黄，丛间蝶舞蜜蜂忙；清风吹拂金波涌，飘溢醉人浓郁香。"每年的春天，长生的油菜花竞相怒放、流金溢彩，绵延数十里，好似海的金浪，滔滔的海洋，凡涉足其中者，无不感叹长生是"金玉满堂之乡"。长生的油菜花海里，村落点点，寨子棋布；此起彼伏的平安油菜花海犹如人间仙景，构成绝妙的图画（图8-3）。

图 8-2　长生花海景区（二）

图 8-3　长生花海景区（三）

　　长生镇依托长生油菜花海，以"民族、生态、文化"为主题，举办丰富多彩的节赛活动，除了可以畅游金色花海欣赏田园风光之外，还可以看文艺表演、品特色美食、体验农民运动会等活动。近几年各种活动的成功举办，进一步提升了长生镇乡村旅游的知名度和影响力。其接待能力和基础设施建设逐步完善，有利于游客前来观赏，吃、住、行、游、购、娱等环节已能基本满足游客需求。其核心区域已修筑多条观光步道，游客徜徉在花海中自得其乐，长生油菜花海已成为赏花游玩休闲的好去处。

二、景区线路

（1）重庆主城—内环快速、包茂高速—彭水县城—向保家镇（G319道路）行驶，后转长生镇，全程约245公里。

（2）彭水县城—岩东乡—岩东乡岇山村—长生镇。

拓展与提高

范长生，名延久，又名重久，或名文（一作支），字元。涪陵丹心（黔江）人，"蜀之八仙"之一，后世尊称其为"长生大帝"。范长生"博学多能"（《资治通鉴》语），尤精书法。其笔触豪放，饱满大方，与慕容倍、王猛齐名。出身土著豪族，西晋时成都一带天师道首领，西晋时流民起义军大成政权（"成汉"，五胡十六国时期之"十六国"之一）丞相，封为"四时八节天地太师"。在道教中拥有相当的历史地位。在范长生"休养生息，薄赋兴教"的劝导下，大成政权一度昌盛。

技能训练

将班上学生分成小组，各小组选一位小组长带领组员，根据掌握的长生花海的情况进行导游讲解服务演示。小组长根据教师设定的讲解情景，进行模拟，并分组展示。

1. 角色：小组成员分别扮演导游、游客等角色。
2. 要求：
（1）以角色扮演的形式，按照本节讲解实例，完成长生花海的讲解任务。
（2）根据情景剧表演情况，做好组间互评，听取老师的建议。

课后练习

1. 能根据旅游团成员的具体情况，熟练地为游客提供导游讲解服务。
2. 根据所掌握的知识能独立创作一篇具有吸引力的导游词。

第二节 长生花海民俗文化活动

一、田园漫步，荡漾花海

喜爱鲜花的游客朋友们乐此不疲地四处追赶着花期，而油菜花的盛开从来不需要苦苦等待，当春未暖时，它们早已迫不及待地呈现出绽放之势。田野里的油菜花在阳光的照耀下，层层叠叠的金色越发显得鲜亮，游客们不断变换姿势拍摄着这金灿灿的一幕，亮丽的风景让人目不暇接（图8-4）。

图 8-4　长生花海景区（四）

二、本土活动，主客共欢

长生油菜花海每年三月都会举办丰富多彩又有趣的活动，如百姓卡拉 OK 歌会，百姓大舞台本土文艺节目表演，拔河比赛、农家挑水比赛、"猪八戒"找媳妇等趣味活动，环山路跑五公里，民间舞狮大赛，篮球比赛等，充分彰显"民族、生态、文化"三大特色主题，与当前彭水大力发展乡村旅游的总体规划一脉相承（图8-5）。

图 8-5 长生花海举办民俗活动

三、民族风情浓郁

长生油菜花海位于彭水苗族土家族自治县,位于重庆直辖市东南部,处武陵山区,居乌江下游。北接湖北省,南连贵州省。主要有苗族和土家族。

1. 民族礼仪

苗族、土家族十分注重礼仪,客人来访,必杀鸡宰鸭盛情款待,若是远道来的贵客,苗族人习惯先请客人饮牛角酒。

2. 民族建筑

(1) 吊脚楼。

吊脚楼一般有 2~3 层,飞檐翘角,走廊设有木质栏杆,栏杆雕有各种图案。吊脚楼下层用来贮藏粮食,存放农具、堆放柴草、土灰,或圈牛、羊、猪及厕所等。上层供人居住(图 8-6)。

图 8-6　吊脚楼

（2）火炉。

火炉，形状为方形，高 60~70 厘米，上面周围用木板盖好，四周用砖、石砌好，中间围成正方形火塘，用来烧火做饭，周围下层为空的，用以关鸡、鸭。天冷时，主、客人都坐在火炉旁，说笑、谈论家事和休息。火炉上吊有一个个不同形状的木架，将种子、茶叶篓、草鞋等挂在上面。

（3）民族服饰。

苗族妇女上身一般穿窄袖、大领、对襟短衣，下身穿百褶裙。衣裙或长可抵足，飘逸多姿，或短不及膝，婀娜动人。便装时则多在头上包头帕，上身大襟短衣，下身长裤，镶绣花边，系绣花围腰，再加少许精致银饰衬托。苗族男子的装束则比较简单，上装多为对襟短衣或右衽长衫，肩披织有几何图案的羊毛毡，头缠青色包头，小腿上缠裹绑腿（图 8-7）。

第八章 民俗惬意游——长生油菜花海 121

图 8-7 苗族服饰

土家人尚俭朴，喜宽松。传统衣料多为自织自纺的青蓝色土布或麻布，史书上称为"溪布""峒布"。女装上衣矮领右衽，领上镶嵌三条花边，俗称"三股筋"，襟边及袖口贴三条小花边栏杆；下穿"八幅罗裙"，裙褶多而直，后改为裤脚上镶三条彩色花边的大筒裤；姑娘素装是外套黑布单褂，春秋季节多穿白衣，外套黑褂，色似鸦鹊，称之为"鸦鹊衣"。头发绾髻，戴帽或者用布缠头，喜戴耳、项、手、足圈等银饰物（图8-8）。

图 8-8 土家族服饰

拓展与提高

苗族女性的服装刺绣和银饰佩带,就像是苗族历史的百科全书。其服装有百多种样式,堪称中国民族服装之最。

苗族女子喜欢运用厚重绚丽的颜色和强烈的对比制作服装,最常用红、黑、白、黄、蓝五种颜色,加以各种样式图案的织绣挑染,再搭配多种银光闪烁的银头饰、银项圈、银手镯等佩饰,构成了苗族服饰的一大特色。

苗族服饰依据年龄、地区的差异样式也有所变化,但是大体上上衣多为窄袖、大领、对襟短衣,下身穿百褶裙。百褶裙的图案花纹色彩斑斓,多刺绣、织锦、蜡染、挑花装饰。裙褶的层数有的多达三四十层,这些裙子从纺织布到漂染缝制,一直到最后绘图绣花,再加上亲手刺绣的花腰带、花胸兜,都是苗族姑娘们自己独立完成。

技能训练

将班上学生分成小组,各小组选一位小组长带领组员,根据掌握的长生花海的情况进行团队活动安排服务演示。小组长根据教师设定的活动情景,进行模拟,并分组展示。

1. 角色:小组成员分别扮演导游、游客等角色。
2. 要求:
(1)以角色扮演的形式,按照本节讲解实例,完成长生花海的团队活动安排。
(2)根据情景剧表演情况,做好组间互评,听取老师的建议。

课后练习

1. 能根据旅游团成员的具体情况,熟练地为游客提供团队娱乐服务。
2. 根据所掌握的知识能独立安排一场具有吸引力的团队旅游策划。

第三节 长生油菜花海乡村景点导游服务

一、餐饮服务

来到长生油菜花海不去品尝一下当地特色食品就相当于"白来"。长生油菜花海旁边有许多农家乐，在你享受当地特色美食的同时还可以亲自采摘食材，既保证了食材的原汁原味又带你体验一番耕种收获的喜悦。主要推荐美食：农家特色柴火洋芋饭、渣海椒炒老腊肉、渣肉、新鲜炒时蔬等。

二、住宿服务

来到长生油菜花海可以选择住在当地居民自建的农家小院中，体验当地民俗风情，呼吸新鲜空气。也可以住到县城的酒店中。

三、购物服务

长生油菜花海景区本身没有购物场所，但是周围的村民家中有许多自制的当地新鲜绿色的土特产值得购买，带回家自己享用或者赠送亲朋好友都是不错的选择，例如，糯米、土鸡蛋、土鸡、农家老腊肉、农家腊排骨等。

四、娱乐服务

田园花海观光、民族风情表演、千人健身长跑、篮球比赛等传统项目，更有融入时尚、彰显个性的百姓大舞台、情诗书法大赛、婚纱摄影、篝火晚会等主题活动，可谓形式多样，内容丰富。

拓展与提高

腊肉

《易经·噬嗑篇》："于阳而炀于火，曰腊肉。"证明腊肉已经有两千多年的历史。土家、苗家腊肉是土家人民和苗家人民为延长猪肉保质期而独创的一种具有特殊风味的地方名产，其特点是：脂香浓郁、皮色黄亮、肉色似火、红艳喜人、滋味鲜美、营养丰富。

  腊月间，人们将自家喂养的猪宰杀，大部分用来制作腊肉。人们先将肉切成条条块块，重的有四五斤，轻的也有一两斤。然后将肉抹上盐，再放进坛子里或木桶中，让盐渗透到肉的各个部位，一般要腌五至七天，而后再将肉取出，挂在通风处，将水滴干，使肉收缩，这样便可以熏烤了。腊月间，农家多在堂屋里挖一火坑，而肉则挂在火坑上面，也有挂在灶上面，一边烧柴取暖做饭，一边便可以将肉熏制好，一举两得。"腊肉"也因此得名。

技能训练

  将班上学生分成小组，各小组选一位小组长带领组员，根据掌握的长生花海的情况进行团队导游服务演示。小组长根据教师设定的活动情景，进行模拟，并分组展示。

1. 角色：小组成员分别扮演导游、游客等角色。
2. 要求：
（1）以角色扮演的形式，按照本节讲解实例，完成长生油菜花海的导游活动安排。
（2）根据情景剧表演情况，做好组间互评，听取老师的建议。

课后练习

1. 能根据旅游团成员的具体情况，熟练地为游客提供团队各种服务。
2. 根据所掌握的知识能独立安排一场成功的团队旅游策划。

  导游词范例：

长生油菜花海导游词

  草长莺飞，油菜花开，又是一年踏青的好时节。尊敬的游客朋友们，大家上午好！我是大家此次的导游小×，小×谨代表长生镇的乡亲们欢迎大家的到来，预祝大家此次游玩愉快。

  长生油菜花海位于彭水县长生镇，海拔800多米，素有"田园花海，养生福地"之美誉，山间阳光雨露，云淡风轻，晨钟暮鼓，男耕女织。这里民风淳朴，风景优美，至今保留着淳朴恬静的农业原生态风貌。

  "油菜花开满地黄，丛间蝶舞蜜蜂忙。清风吹拂金波涌，飘溢醉人浓郁香。"每当春暖花开，置身于长胜镇的3000多亩的油菜花海中，黄灿灿的油菜花与远山、近水、粉墙、黛瓦相映成趣，构成一幅天人合一的完美画卷。

长生镇位于彭水苗族土家族自治区内，所以受居住环境影响，长生镇呈以苗族为主的大杂居、小聚居的民族结构而成。他们热情好客，不拘小节，这些性格也融入在他们的美食之中。当地餐饮特色以大米为主，辅以苞谷、小米、高粱、小麦和薯类等杂粮，最喜食糯米。副食品主要有瓜类、豆类、蔬菜以及作为佐料的辣椒、葱、蒜等。肉类有猪、牛、羊、鸡、鸭及鱼类。苗族人口味以酸、辣为主，尤其喜食辣椒。中午我们会在景区门口的农家小院品尝最正宗的长生美食，大家敬请期待！

　　今天的长生油菜花海一日游就到这里了，感谢各位游客的支持与理解，祝大家生活愉快，事业顺利。

第九章 乡村民俗山水游——乌江画廊

知识目标：

了解乌江画廊景区的概况；熟悉乌江画廊景区具体小景点内容及各种民俗活动；掌握乌江画廊景区内民族服饰民俗、饮食民俗、民族工艺品、宗教信仰民俗等。

能力目标：

能灵活运用与分析乌江画廊的文化背景与文化内涵，能撰写个性化导游词；能熟练地运用景区内知识进行导游讲解；能将景区内的文化融入乡村旅游的导游服务中去，使客人享受到舒心、满意的服务；能进行实地乡村导游讲解并合理安排游览线路，积极宣传乌江画廊景点。

第一节 乌江画廊简介

乌江古名黔江，发源于贵州省乌蒙山，自贵州省沿河县进入重庆酉阳自治县万木乡、流经龚滩古镇，经彭水自治县善感乡、高谷镇，经武隆至涪陵汇入长江，干流全长1037公里，乌江画廊景区位于有着"千里乌江，百里画廊"美誉的乌江彭水境内，景区内峡高谷深、植被茂密、风光旖旎，苗族风情浓郁，历史文化厚重，大自然的鬼斧神工造就了景区的秀美山水。唐代著名诗人孟郊赞誉乌江时说："旧说天下山，半在黔中鸣；山水千万绕，中有君子行。"

一、景区概况

乌江画廊景区自然资源丰富，人文景观独特。"奇山、怪石、碧水、险滩、古镇、廊桥、纤道、悬葬"构成了乌江画廊的景观要素，马峰峡、鹿角湖、碧翠峡、庞滩峡、石盆峡等峡谷风光，浑然天成、自成一体，两岸翠绿葱郁，山峦叠嶂，奇峰对峙，各显神姿。玉米石、鲤鱼上山、雄狮迎客、母子神龟等象形石，浑然天成、自成一体。清代诗人翁若梅赞赏为："蜀中山水奇，应推此第一。"畅游乌江画廊，大有"船在水中行，人在画中游"之感（图9-1）。

图 9-1 乌江画廊景区（一）

景区集峡江观光、游艇体验、水上运动、民俗体验为一体，建有建筑面积9207.48平方米的游艇俱乐部。景区自2016年5月启动4A级旅游景区创建工作以来，完善了景区自身的各种设施，增强了接待能力，提高了服务质量，提升了品牌价值。2018年6月，经重庆市旅游景区质量等级评定委员会组织评定，乌江画廊景区被批准为国家4A级旅游景区。通过国家4A级旅游景区的创建，景区的吸引力、影响力、辐射力、带动力大大增强，这对于解决当地农民就业、增收、致富，助推全县脱贫攻坚发挥着非常重要的作用。景区每年直接解决当地百姓就业50余人；直接带动农民增收200多户近700人；通过景区辐射作用，带动了2个乡、5个镇、28个行政村、近3万人的脱贫、增收。围绕乌江画廊景区旅游,当地农民生产、开发出了丰富的农产品、土特产、手工艺品;开办了农家乐、客栈等,景区沿线农民年人均纯收入由原来的 800 元增加到了现在的 8000 元,增长了 10 倍。

景区先后荣获中国旅游总评榜"年度最受欢迎景区",在最喜爱的旅游目的地(线路)评选活动中被评为"最诗意"奖,在发现美丽之地——首届重庆文化旅游新地标寻找与展示活动中获评"首届重庆文化旅游新地标"景区(图9-2)。

图 9-2 乌江画廊景区(二)

二、景区线路

由彭水县城出发到达乌江画廊景区可供选择的出游方式有汽车、自驾游等多种出游形式。

1. 汽车

彭水县城—阿依河,公交车(约 1 个小时)或出租车(约 40 分钟)。

彭水县城老车站—万足码头,乘坐游船游览乌江画廊景区。

2. 自驾游

彭水县城—外河坝—县公安局—下坝街—乌江三桥—乌江画廊万足码头。

拓展与提高

苗族民歌像一位美丽的苗族姑娘，不断的向世人展现她的婀娜多姿和她的无穷魅力。苗族民歌具有极强的地域性，风格独特，与其他地区的苗族民歌不同的是彭水苗族民歌在歌词内容上更加直白，简洁。经多年发展，逐渐转换为使用汉语演唱。

木叶情歌 歌词

大山的木叶烂成堆，只因小郎不会吹。
几时吹得木叶叫，只用木叶不用媒。
高坡上种荞哪用灰，哥妹相爱哪用媒。
用得灰来荞要倒，用得媒来惹是非。
大山的木叶烂成堆，只因小郎不会吹。
几时吹得木叶叫，只用木叶不用媒。
高坡上种荞哪用灰，哥妹相爱哪用媒。
用得灰来荞要倒，用得媒来惹是非……

技能训练

将班上学生分成小组，各小组选一位小组长带领组员，根据掌握的乌江画廊的情况进行导游讲解服务演示。小组长根据教师设定的讲解情景，进行模拟，并分组展示。

1. 角色：小组成员分别扮演导游、游客等角色。
2. 要求：
（1）以角色扮演的形式，按照本节讲解实例，完成乌江画廊的讲解任务。
（2）根据情景剧表演情况，做好组间互评，听取老师的建议。

课后练习

1. 能根据旅游团成员的具体情况，熟练地为游客提供导游讲解服务。
2. 根据所掌握的知识能独立创作一篇具有吸引力的导游词。

第二节　乌江画廊民俗文化活动

乌江画廊主要民俗活动见下表。

乌江画廊主要民俗活动

旅游项目名称	
品尝苗族美食	
参与剪纸制作	
游览乌江	游览乌江两边自然景观
欣赏歌舞表演	山歌、民歌表演
	民族舞蹈表演
购买苗寨旅游纪念品	

一、苗歌

一踏上船，乌江两边的美景如画，动听的苗歌到处回荡。游客纷纷跟着哼唱起来。

彭水苗歌，流传于明末清初，是苗家民俗文化的瑰宝。曲调多样，传唱不衰。即赏心悦目，又鼓舞精神。是重庆现存最完整，而又最具有民族特色的山歌形式（图9-3）。

图9-3　娇阿依唱歌

二、摆手舞

摆手舞是彭水土家族比较流行的一种古老舞蹈,包括狩猎舞、农事舞、生活舞、军事舞等方面的 70 多个动作。节奏鲜明、动作优美、朴素、有浓郁的生活气息,深为彭水人民所喜爱,游客在船上能和娇阿依们一起跳摆手舞,也是一桩美事(图 9-4)。

图 9-4 摆手舞

三、苗族食俗体验

走到乌江画廊的尽头,到达岸上之后,随之而来的是一系列小吃,让人眼前一亮(图 9-5)。

图 9-5 炸豆腐

拓展与提高

苗族银饰

苗族银饰作为一种文化现象在历史上曾被许多民族青睐,成为多元文化交流的载体之一。在这一载体中,融合有来自南方少数民族的"耳档",起源于北方少数民族的"跳脱",以及从古代饰物中沿袭而来的"步摇""五兵佩"和中国传统的龙、凤、鳞纹样,等等。苗族银饰以大为美的艺术特征是不言而喻的,苗族大银角几乎为佩戴者身高的一半便是令人信服的例证,同时也体现了你的家庭富裕程度是不错的,并显示着苗家姑娘的大气。苗族的图腾崇拜,是银饰的重要造型。苗族银饰可分头饰、颈饰、胸饰、手饰、盛装饰和童帽饰等,都是由苗族银匠精心做成,据说已有千年历史。

再看以重为美,有的苗族妇女自幼穿耳后,即用渐次加粗的圆棍扩大穿孔,以确保能戴上当地流行的圆轮形耳环,利用耳环的重量拉长耳垂。有些妇女因耳环过重,耳垂被拉豁。当地耳环单只最重达200克。黎平苗族妇女的篓花银排圈讲究愈重愈好,重者逾八斤。

技能训练

将班上学生分成小组,各小组选一位小组长带领组员,根据掌握的乌江画廊的情况进行团队活动安排服务演示。小组长根据教师设定的活动情景,进行模拟,并分组展示。
1. 角色:小组成员分别扮演导游、游客等角色。
2. 要求:
(1)以角色扮演的形式,按照本节讲解实例,完成鞍子苗寨的团队活动安排。
(2)根据情景剧表演情况,做好组间互评,听取老师的建议。

课后练习

1. 能根据旅游团成员的具体情况,熟练地为游客提供团队娱乐服务。
2. 根据所掌握的知识能独立安排一场具有吸引力的团队旅游策划。

第三节 乌江画廊导游服务

一、餐饮服务

龚滩古镇的是一条青石板路,长达两公里的老街,全由一块块青石铺成。青石年代古远,一年年一代代被赤脚、草鞋、布鞋、胶鞋、皮鞋踏磨得光滑玉润。青石板街居然可坐、可行、可卧而无须担忧沾一身尘土。据专家考证,此石板街是长江沿岸目前保持最完整,且极具观赏价值的石板街,这里的美食都是由苗家人自己纯手工做出来的,周围也有一些大饭店,里面的美食也都是当地的特色美食。

特色美食推介:乌江鱼(图9-6)

图9-6 乌江鱼

乌江鱼出自重庆涪陵地区。乌江贯穿重庆涪陵、黔江地区,支流众多,胜产各种野生鱼,乌江鱼的做法是讲究鱼的鲜,但城市里一般都是养殖鱼。

乌江鱼的制作材料:

主料:乌江鱼1000克

辅料:豆腐(南)500克

调料:豆瓣酱30克,盐10克,味精2克,五香粉2克,胡椒粉2克,红辣椒

做法：

（1）将鱼刮去鱼鳞，剖腹去内脏洗净，两面打上花刀；
（2）豆腐切成4厘米方块，入沸水中氽过后滤干水分；
（3）葱、大蒜切片，葱切成2.5厘米长的段；
（4）豆瓣酱切细；
（5）锅下猪油烧至6成熟时，将辣椒、豆瓣酱下锅爆香；
（6）再加入姜、蒜片、汤头、五香粉、胡椒粉、味精等进行调味；
（7）将鱼和豆腐下锅用小火煮约10分钟，熟后下葱段即成。

二、住宿服务

如今的龚滩古镇仍然还延续着吊脚楼，所以来到乌江画廊景区可以住到民俗风情浓郁的苗家吊脚楼里，能让游客感受到独特的苗家文化。

住宿推介：龚滩农家乐（图9-7）

图9-7 客房内部环境

龚滩农家乐主要经营项目有：特色苗家美食、苗家风情住宿。

乌江画廊尽头的龚滩古镇，几乎都是具有地方特色的苗家吊脚楼建筑，因景区位于还在不断开发当中，故在当地住宿环境没有豪华的酒店，基本都是以农家乐居多。

三、交通服务

乌江画廊位于重庆市彭水县境内,距离彭水县城约 14 公里左右。

四、游览服务

来到乌江画廊以后我们可以根据当地景区内进行导游服务,根据景区的规划有计划性地进行游览,游览线路可规划为坐游船—看龚滩古镇—跟当地人学剪纸—品尝美食—返回(图 9-8)。

图 9-8 乌江船舶

五、购物服务

来到乌江画廊船舶上我们可以购买具有当地特色的购物品。

特色购物品推介:苗族服饰

苗族服饰,苗语叫"呕欠",主要由童装、便装、盛装组成,"盛装"苗语叫"呕欠嘎给希",即"升底衣服","呕欠涛"苗语称谓即"银衣",下穿百褶裙,前后有围腰。苗族服饰是我国所有民族服饰中最为华丽的服饰,既是中华文化中的一朵奇葩,也是历史文化的瑰宝。湘西方言苗区和黔东方言苗区喜好银饰,黔南某些地区喜好贝饰,而西部方言区苗族服饰则少银饰。银饰、苗绣、蜡染是苗族服饰的主要特色,是当地最具特色的购物品之一(图9-9)。

图9-9 苗家服饰

六、娱乐服务

为了吸引更多的游客来乌江画廊旅游,乌江画廊将打造娱乐配套设施,增设水上项目,如皮划艇、帆板、摩托艇、水橇、滑水板、水上自行车、水上三轮车、翻板、水上飞人、拖伞、飞鱼等水上娱乐设施。

娱乐推介:集体跳摆手舞、竹竿舞、唱山歌。

拓展与提高

郁山晶丝苕粉

"郁山"牌晶丝苕粉(图9-10)产地在风景秀丽的武陵山区郁山镇,以本地优质高淀粉红薯为原料,延用传承了几百年的手工工艺精制而成,在清朝乾隆年间就列入朝中贡品,产品富有深厚的文化底蕴,被誉为"山中珍宝"。传统的手工工艺加上本地独特的土壤和水质,使得精制而成的粉丝晶莹剔透、不粘不稠、香远溢清而闻名全国。

图9-10 郁山晶丝苕粉

技能训练

将班上学生分成小组，各小组选一位小组长带领组员，根据掌握的乌江画廊的情况进行团队导游服务演示。小组长根据教师设定的活动情景，进行模拟，并分组展示。

1. 角色：小组成员分别扮演导游、游客等角色。
2. 要求：
（1）以角色扮演的形式，按照本节讲解实例，完成乌江画廊的导游活动安排。
（2）根据情景剧表演情况，做好组间互评，听取老师的建议。

课后练习

1. 能根据旅游团成员的具体情况，熟练地为游客提供团队各种服务。
2. 根据所掌握的知识能独立安排一场成功的团队旅游策划。

导游词范例：

乌江画廊导游词

亲爱的游客朋友们大家下午好！欢迎乘坐乌江画廊公司游艇。我是讲解员××，非常荣幸和大家一起来欣赏乌江峡谷风光。今天，我将和大家一起欣赏乌江画廊最为精品的一段峡谷——马峰峡。往返游览时间约1小时。请朋友们在舱内不要抽烟，保管好自己的随身物品。

现在，我们的游艇已经缓缓地行驶在乌江之上了。接下来给大家简单地介绍一下乌江的概况。乌江，发源于贵州省乌蒙山麓，全长1037公里。至涪陵汇入长江。乌江的山，自古以来就被称赞有夔门之雄、三峡之壮、峨眉之秀。乌江的水，碧若琉璃，清澈荡漾。请看，远山神秘，近山雄奇。古有清代诗人翁若梅曾写诗赞叹："蜀中山水奇，应推此第一。"今有中国著名经济学家厉以宁先生挥墨题词："莫道时光流水过，一生几次画中游。"山似三峡而水胜三峡，水似漓江而山胜漓江。故乌江山峡亦称千里乌江，百里画廊。

游客朋友们，看见前方那座白色的建筑群了吗？那就是万足古镇。万足古镇，曾以生漆生意名扬四海，因日进斗金的繁荣故名"万足"。万足古镇虽历经三百多年的沧桑，但古镇建筑依然保存完好。其中的万寿宫、万天宫等古建筑群，被考古学家誉为"研究乌江流域古文化发展的资料库"。

朋友们，我们现在已经进入今天要游览的精品峡谷——马峰峡。它是连接万足、鹿角两个平湖之间的一段峡谷。它形似哑铃，全长约8公里。以高山、峡谷、平湖为主要特征。首先请看，在船行的左侧，有一粒活生生的玉米。有这样一句话来描述它：正面寻望真石头，转头回望假玉米。接下来，大家请将视线转移到船行的右侧，最上方形似鱼头的地方，有一个圆圆的小洞，那就是鱼的眼睛。而中间灰白的这一段是鱼的肚子。鱼头傲首，仿佛在峻石中穿梭。这就是鲤鱼上山。它也是我们峡谷里最为奇特的一道风景。

　　前方映入眼帘的是一幅雄狮迎客的画卷。您看它高昂着头，匍匐在江边，正欢迎着我们的到来。朋友们，我们现在所看到的美景正是乌江母子神龟。这是我们峡谷里最为形象的一处景点。在当地流传着这样一句话：走遍天下路，难行乌江渡。隔岸能答言，相逢在何年？为什么会有这样的一种说法呢？此处的景点需要我们分为两部分来欣赏。请看，一只凶猛的鳄鱼拖着长长的尾巴潜入江边，露出它尖锐的牙齿。上方被一只神龟狠狠地压在了身下。据当地老百姓讲，以前这只鳄鱼常在江边兴风作浪，过往的船只只要稍有不慎便会葬身鱼腹。使得百姓苦不堪言。于是，百姓们纷纷祈求上苍，希望派一只神灵来此保一方平安。虔诚之心感动了玉皇大帝。他就派了护送唐僧师徒渡过通天河的神龟来镇服鳄鱼。神龟来到此地，用武力将其制服，为防止它再次危害百姓，便将它压在身下。因此，我们就看到了定格在这里的画面。

　　各位朋友，欣赏着迷人的峡谷风光，倾听着传奇的民间故事。我们今天的精品游行程到此就告一段落了。非常感谢大家对我们工作的理解和支持，也请大家对我们的服务工作提出宝贵的意见和建议。期待我们再次相聚在美丽的乌江画廊。朋友们，再见！

第十章　彭水非物质文化遗产

非物质文化遗产，根据联合国教科文组织的《保护非物质文化遗产公约》定义，非物质文化遗产指被各群体、团体、有时为个人所视为其文化遗产的各种实践、表演、表现形式、知识体系和技能及其有关的工具、实物、工艺品和文化场所。各个群体和团体随着其所处环境、与自然界的相互关系和历史条件的变化不断使这种代代相传的非物质文化遗产得到创新，同时使他们自己具有一种认同感和历史感，从而促进了文化多样性和激发人类的创造力。

公约所定义的"非物质文化遗产"包括以下方面：①口头传统和表现形式，包括作为非物质文化遗产媒介的语言；②表演艺术；③社会实践、仪式、节庆活动；④有关自然界和宇宙的知识和实践；⑤传统手工艺。

根据《中华人民共和国非物质文化遗产法》规定：非物质文化遗产是指各族人民世代相传并视为其文化遗产组成部分的各种传统文化表现形式，以及与传统文化表现形式相关的实物和场所。包括：传统口头文学以及作为其载体的语言；传统美术、书法、音乐、舞蹈、戏剧、曲艺和杂技；传统技艺、医药和历法；传统礼仪、节庆等民俗；传统体育和游艺；其他非物质文化遗产。属于非物质文化遗产组成部分的实物和场所，凡属文物的，适用《中华人民共和国文物保护法》的有关规定。

2006年7月，国务院决定每年6月的第二个星期六为我国的"文化遗产日"。至此，我国已经有了"文化遗产日""文化遗产标志"和"文化遗产保护公益歌曲"。

第一节　彭水非物质文化遗产简介

彭水苗族土家族自治县位于重庆市东南部，处乌江下游。武陵山、大娄山、七曜山三山交汇；乌江、郁江两江交汇。北连石柱、湖北省利川，东接黔江、酉阳，南靠贵州省沿河、务川、道真，西抵武隆，为渝、黔、鄂三省市三角交叉地带，《四川通志》称"控楚连黔、地拥摩围之险；抚苗绥汉、江翻溪洞之涛"。辖区39个乡镇（街道），常住人口逾72万。

公元前140年汉武帝在今郁山镇置涪陵县，三国刘备置涪陵郡，北周始设黔州；隋文帝开皇十三年（593年）置彭水县。唐开元二十一年（733年）置黔中道。宋代绍兴元年（1228年）升州为绍庆府，明洪武四年（1371年）废府留县。清代至民国相袭。1949年11月20日，彭水县人民政府成立。1984年11月10日，彭水苗族土家族自治县成立。

彭水民族文化发端于盐丹文化，成就于黔中文化。历史上，濮、蚩尤、九黎、驩兜、三苗后裔、蛮、僚、汉人等，先后不断地迁入与迁出，多民族与多部落不断流动，造就了彭水丰富的文化内涵。

彭水境内曾居息着中华人文初祖蚩尤为首的九黎族群和巴人族群的先民，并分衍出苗蛮、廪君蛮、板楯蛮等诸多族系。东周秦汉以降，当地土著概称南夷或南蛮，包括武陵蛮、五溪蛮等，与陆续进入的华夏——汉族、僚族先民共同开发这片资源丰富的大地。唐宋以后，土著逐渐分衍形成苗族、土家族，加上前后陆续迁入的仡佬族、侗族、蒙古族等，形成汉族与苗族等众多少数民族大杂居、小聚居的族群地理格局，进而形成民族文化风俗百花竞放争艳的整体文化面貌。其民族文化主要资源点有鞍子罗家坨苗寨、梅子垭佛山寨、鹿角乡乱石坝苗族民居群、向家蒙古村、润溪樱桃井村、朗溪田湾村、龙塘双龙村、鞍子镇甘田村、黄家镇先锋村、绍庆阿依河村胡家湾、万足廖家村和棣棠黄泥村传统村落等。

多民族聚居杂居，加之悠久历史沉淀，孕育生发了彭水多姿多彩的非物质文化，底蕴深厚，资源丰富。据调查梳理，迄今全县拥有非物质文化遗产项目近1000余项，其中已成功申报列入国家级非物质文化遗产保护项目2项，国家级传统村落7个、中国少数民族特色村寨3个、市级非物质文化遗产保护项目35项，公布县级代表性名录245项目，国家级旅游名镇名村1个，建立县级传习所8个，市级传承教育基地（学校）5所，生产性保护示范基地2处，国家级代表性传承人2人，市级代表性传承人31人，县级代表性传承人56名，县级"歌师傅"10名，常年非遗传习展演景区2处。

在琳琅满目的非物质文化遗产中，彭水民间音乐、民间戏剧、民间文学、民间技艺等项目在渝东南片区独具魅力影响。特别是鞍子苗歌已在全国拥有影响力，并继第三批国家非物质文化遗产保护名录——高台狮舞之后、列入第四批国家级非物质文化遗产保护名录，其代表性民族组合"阿依山娃"携苗族民歌《娇阿依》等，近年来参加全国各大活动赛事、媒体平台成绩斐然，名声大震。在传统工艺类项目方面，青瓦烧制技艺，技术高超，沿用至今；普子火药制作，源远流长，隶属四大发明；竹板桥村民，沿袭古老的蔡伦造纸术，世誉"藏在深山里的蔡伦部落"，是研究中国"四大发明"的活化石；狮舞高台，精彩绝伦；铁炮火龙，飞龙盘旋，龙腾虎跃，火花四溅，彰显中国龙舞之霸气；传统戏剧，内容丰富；传统疗法，华佗传世。同时，彭水是一个地方美食丰富多彩的地方，神豆腐和灰豆腐是客至彭水必尝的地方美味；民族民间特色美食、宫廷佳肴鸡豆花与擀酥饼、三香、烧白、晶丝苕粉合称"郁山五绝"，大脚菌、洋芋饭、荞面豆花、酢肉、酸菜豆更是风味独特，嘟卷子、油钱、荞锅佬等小吃美不可言。这些丰富多姿的非物质传统文化和民族民间文化，精彩纷呈，不胜枚举，期待进一步挖掘整理、保护与传承、开发与利用，为彭水文化和旅游的深度融合发展及生态保护实验区建设做出应有的贡献。

第二节 彭水国家级非物质文化遗产

目前彭水有自主申报的国家级非物质文化遗产有2项，一是鞍子民歌，二是高台舞狮，正在开展传承的其他国家级非物质文化遗产有6项，包括苗族刺绣、苗族蜡染、扎染、苗银银饰、苗族剪纸、苗鼓。

一、鞍子苗歌

"鞍子苗歌"，是重庆市东南彭水苗族土家族自治县鞍子乡一带的苗族民歌。彭水苗族土家族自治县，位于武陵山系与大娄山系交汇的褶皱地带，东邻湖南，南连贵州，西接渝中腹地，北挨湖北。这一特殊的"文化嬉融区"区位，使"鞍子苗歌"形成了一种既植根于我国西南苗歌特质基因，又涵盖整合了土家等民族及巴（渝）黔、楚（鄂湘）蜀多地域民歌音调元素的特型歌腔。

鞍子苗歌内容十分丰富，按类别分，有劳动歌（如打闹歌、采茶歌、刺绣歌等）、时政歌、仪式歌、情歌、生活歌、历史歌、儿歌、杂歌；按表现形式分，有独唱、合唱、对唱、一领众唱（打音）、多领众唱、齐唱等；按歌词结构分，有五言句、七言句、十字句和长短句；按唱腔分，主要有高腔、平腔、混腔三大类；按曲式分，有号子、小调、连句、盘歌等。

鞍子苗歌既保持了苗歌的固有特质，而在音调结构、旋律、节拍节奏、音域音型、音阶调式等一系列显示色彩上，又融入了相邻民族的民歌元素，形成了音乐色彩混合驳杂的与异地苗歌有别的特征。这使鞍子苗歌旋律十分独特优美，奠定了它在文化比较学、音乐形态学及民族音乐史研究中具有的不可或缺的取样与存史的标本价值，是弘扬传统民族文化，进行新音乐创作的极好素材，是不可多得的非物质文化遗产。2006年在北京举行的第三届全国少数民族文艺会演中，彭水鞍子苗歌《娇阿依》作为重庆市代表队的重点节目参演，受到领导、专家和群众的高度赞扬。重庆市整台节目还以（鞍子苗歌）"娇阿依"作为总冠名并获金奖。如今"鞍子苗歌"已成为重庆市民族文化重要品牌之一。

"鞍子苗歌"与彭水文化艺术的发展基本同步，在远古开始萌生，春秋战国时期形成，唐、宋达到鼎盛，元、明至清遭到破坏，新中国成立后得到复苏。改革开放后，社会的深刻变化既给它带来了发展的机遇，而在"时尚""西俗"的强劲挤压下，又使它变得空前脆弱甚至濒危，极需强力保护。

目前"鞍子苗歌"有国家级传承人任茂淑，市级传承人任云新、吴庆友等。

二、高台舞狮

高台狮舞是重庆市彭水苗族土家族自治县民间最具特色的舞蹈与体育相结合的表演艺术。表演者模拟狮子或者其他动物的动作，表演蹬黄冬儿、打羊角桩、鹞子翻叉、扯链盖拐、翻天印、黄龙缠腰、懒牛困塘、狗连裆、扯海趴狗、钻圈、高杆夺绣球、游走板凳等动作套路。表演时，一般由一人或者两人面戴大头和尚、猪八戒等面具，手持绣球、钉耙等道具，在狮子的前面以各种滑稽的动作挑逗狮子。

搭台上架的高台狮舞多用于重大节庆和比赛活动。表演时，常常与地面狮舞连为一体，最核心的部分是空中表演，也是最具观赏性的部分。采用方桌搭台，最少7张，一般15张，多则24张，极限达到108张。狮舞表演者身披长约2米的彩绘狮子，在导引者的引导下，踩着锣鼓节奏，从第一层开始，层层上升，直达"一炷香"。在"一炷香"上要进行玩狮子和各种动作的立桩表演，惊险刺激。

彭水民间有玩高台狮舞的习俗。据靛水乡古文村唐家弯的唐家班回忆，至今已传至第六代，约有150年历史。现从事高台狮舞表演的主要有靛水乡的唐家班、高谷镇狮舞班和棣棠乡的李天阳狮舞班等。他们以玩班为单位进行表演，套路灵活多变，表演风格或惊险刺激，或古朴滑稽，或华丽多姿。

高台狮舞为中华狮舞的组成部分，在文化学、音乐学、体育学等领域都有研究价值，也是文娱活动的重要内容。但是，高台狮舞要求要表演者要有高超的表演技能和良好的体力。近年来，大多数青壮年已远走他乡打工挣钱，高台狮舞玩班只剩下年老体弱者，无法进行正常表演，濒危情况不容忽视。

三、其他在彭水开展传承与保护的国家级非物质文化遗产

（一）苗族刺绣

苗族刺绣，构图讲究严谨、对称、协调，每幅绣图均有主、副图案；构图内容取材广泛，天、地、人、神、植物、动物等无奇不有，且远古、近现代风格均有。

刺绣是苗族源远流长的手工艺术，是苗族服饰主要的装饰手段，是苗族女性文化的代表。苗族刺绣的题材选择虽然丰富，但较为固定，有龙、鸟、鱼、铜鼓、花卉、蝴蝶，还有反映苗族历史的画面。苗族刺绣技法有14类，这些技法中又分若干的针法。

苗族刺绣围腰，以白色为底色，上面满绣有蝴蝶、蜈蚣龙，造型飞舞张扬。绣品以蜈蚣龙为主纹样，下面三层另有蝴蝶、小蜈蚣龙等，为苗族绣品的传统典型纹样。

苗族刺绣另一特色是借助色彩的运用、图案的搭配，达到视觉上的多维空间。挑花也称数纱绣，是苗族特有的技艺，不事先取样，利用布的经纬线挑绣，反挑正取，形成各种几何纹样。挑花就是借助色彩和不规则几何纹样的搭配，形成多视角的图案，从而达到立体与平面统一的视觉效果。

苗族刺绣具有传承历史文化的作用，主要表现在刺绣的图案上。几乎每一个刺绣图案纹样都有一个来历或传说，都深含民族的文化，都是民族情感的表达，是苗族历史与生活的展示。

（二）苗族蜡染

苗族蜡染历史悠久，很多地方都流行有《蜡染歌》（古歌），叙述蜡染的起源。早在秦汉时代，苗族的先民就已经掌握了蜡染技术，据《贵州通志》记载："用蜡绘花于布而染之，既去蜡，则花纹如绘"，这种蜡染布曾被称为"阑干斑布"。

宋代五溪地区的"点蜡幔"（蜡染）已很盛行。明、清时代，黔中一带苗族也多用蜡染衣料。民国年间，蜡染盛行于湘西、贵州、云南、渝东南的大部分苗族中，而以贵州的丹寨、安顺、郎岱（今六枝）普定、惠水等地技艺最高。大多数地区都将蜡染成品作衣饰，湘西地区则用作床单、帐沿、枕巾等。

蜡染制品多为靛蓝单色染，即蓝地白花，用色两种以上的制品很少，这是因为蜡质不耐高温，染色只能在常温或低温中进行，而靛蓝便是一种可在常温下染色的染料；再者进行复色染，须考虑不同颜色的相互渗润，花纹不能设计得太小，而大花纹，又不适于衣着服饰，故复色蜡染制品只是一些用量相对较少的幛子、帷幔等大的装饰用布。

（三）扎染

扎染古称扎缬、绞缬、夹缬和染缬，是中国一种古老的纺织品染色工艺，大理叫它为疙瘩花布、疙瘩花。《资治通鉴备注》详细地描述了古代扎染过程："撮揉以线结之，而后染色，既染，则解其结，凡结处皆原色，与则入染矣，其色斑斓。"其加工过程是将织物折叠捆扎，或缝绞包绑，然后浸入色浆进行染色，染色是用板蓝根及其他天然植物，故对人体皮肤无任何伤害。扎染中各种捆扎技法的使用与多种染色技术结合，染成的图案纹样多变，具有令人惊叹的艺术魅力。扎染在中国约有1500年的历史。现存最早的实物是东晋年代的绞缬印花绢。唐代扎染发展到鼎盛时期,贵族穿绞缬的服饰成为时尚。北宋时期因扎染制作复杂,耗费大量人工,朝廷曾一度明令禁止,从而导致扎染工艺衰落,以致消失。但西南边陲的少数民族仍保留这一古老的技艺。除中国外,印度、日本、柬埔寨、泰国、印度尼西亚、马来西亚等国也有扎染手工艺。20世纪70年代,扎染成为流行的手工艺,广泛应用于服装、领带、壁挂等。在同一织物上运用多次扎结、多次染色的工艺,可使传统的扎染工艺由单色发展为多种色彩的效果。

扎染工艺分为扎结和染色两部分。它是通过纱、线、绳等工具,对织物进行扎、缝、缚、缀、夹等多种形式组合后进行染色。其工艺特点是用线在被印染的织物打绞成结后,再进行印染,然后把打绞成结的线拆除的一种印染技术。它有一百多种变化技法,各有特色。如其中的"卷上绞",晕色丰富,变化自然,趣味无穷。更使人惊奇的是扎结每种花,即使有成千上万朵,染出后却不会有相同的出现。这种独特的艺术效果,是机械印染工艺难以达到的。

(四)苗族银饰

苗族银饰的加工,全是以家庭作坊内的手工操作完成。根据需要,银匠先把熔炼过的白银制成薄片、银条或银丝,利用压、寥、刻、镂等工艺,制出精美纹样,然后再焊接或编织成型。

在明代以后的数百年里,苗族银饰经历了一个为服从民族审美定势需要而演绎、组合、变异的民族化过程。

其一,所有的银饰原有品种在苗族审美标准的取舍下,有的根本未被接纳,有的引入后即被淘汰,有的屡经改造而面目全非,当然,也有的基本上保留了原有特征。其实,任何民族文化的发展,实际上就是一个不断加深认识和理解的过程。

其二,苗族银饰的民族化过程同时又是一个创新的过程。毋庸置疑,人类的需要是艺术创作的第一源泉,群体的审美观念是艺术创造的规范。苗族银饰的创新正是遵循这一逻辑而发生、发展的。由于对银饰的需求,苗族对服装的审美意识逐渐同实用意识分离开来,由物质需要的依存关系衍化成审美的主客体关系。由于群体审美观念的规范,在艺术创新的过程中,苗族银饰逐渐形成了自己鲜明的民族个性。

影响和规定苗族银饰造型的审美观点很多，那么，其中最根本的是什么呢？苗族从古至今都有"以钱为饰"的习俗，史料也显示，"钱"与银饰是同时步入苗族服饰领域的。这种通过"以钱为饰"所流露出来的夸富心态，对于苗族银饰的审美价值取向起着至关重要的作用，形成了苗族银饰最基本的三大艺术特征，即以大为美，以重为美，以多为美。苗家人以一个人身上的银饰多少来判断家庭是否富裕情况。

苗族银饰工艺流程很复杂，一件银饰多的要经过一二十道工序才能完成。而且，银饰造型本身对银匠的手工技术要求极严，非个中高手很难完成。

除了在锤砧劳作上是行家里手，在造型设计上苗族银匠也堪称高手。究其原因，一方面，是苗族银匠善于从妇女的刺绣及蜡染纹样中汲取创作灵感；另一方面，作为支系成员，也为了在同行中获得竞争优势，苗族银匠根据本系的传统习惯、审美情趣，对细节或局部的刻画注重推陈出新。工艺上的精益求精，使苗族银饰日臻完美。当然，这一切都必须以不触动银饰的整体造型为前提。苗族银饰在造型上有其稳定性，一经祖先确定形制，即不可改动，往往形成一个支系的重要标志。苗族女性饰银，爱其洁白，珍其无瑕。因此，苗族银匠除了加工银饰，还要负责给银饰除污去垢，俗称"洗银"。他们给银饰涂上硼砂水，用木炭火烧去附着在银饰上的氧化层，然后放进紫铜锅里的明矾水中烧煮，经清水洗净，再用铜刷清理，银饰即光亮如新。

（五）苗族剪纸

苗族妇女们在刺绣中使用剪纸，历史悠久，在黔东南、渝东南一带苗族中世代传唱的《苗族古歌·跋山涉水》一节中就有剪纸的叙述。歌中描述苗族先民远古时期从"东方"（苗族早期生活的长江中下游）向"西方"（指湘西、贵州、重庆）大迁徙的情景，"姑姑叫嫂嫂，莫忘带针线，嫂嫂叫姑姑，莫忘带剪花。"苗族历史上的这次大迁徙，是民族性的集体大转移，即使在这样艰辛的环境，妇女们仍把针线、剪花当作十分重要的事项，可见剪纸（剪花）与刺绣早就成了一对孪生姐妹。

苗族剪纸一般都是用刀口很尖细的小剪刀剪，用剪刀剪不能把纸层叠太厚，有些卖剪纸的艺人便改用刻刀刻，一次可多刻几层剪纸。用刻刀刻时，纸下垫一块木板，不知道使用比木板先进的蜡板。无论剪或刻，先把图案在表层纸上画好,不像剪窗花那样随意剪。所用的纸,旧时只有当地于工作坊生产的白皮纸、黄草纸,有些地区使用苗族家庭自制的丝绵纸。白皮纸用竹、构皮等纤维浆制作,薄而韧性非常好,经得起搓揉。丝绵纸是将蚕放在木板上让其吐丝结成的薄皮,既挺括又很柔和,是最好用的纸,它还可代替布料作绣面或染色作贴绣材料。20世纪60年代后,大量工厂化的现代机制纸输入苗区。这些纸价格便宜,于是苗族妇女多采用28克以下的书写纸,有白色的,也有红、绿等带颜色的。多层纸叠合剪刻时,苗族妇女们习惯用白皮纸捻或缝衣线将纸穿钉成本子,一幅图案视大小固定数个点,以保证剪刻中各层不错移。白皮纸捻如小铁钉,长约2厘米,一头粗,一头尖,剪刻完撕揭时不用去掉纸捻,以纸捻尖的那层纸揭起,要几张,揭儿张,余剩的下层不松散,方便保管。

苗族剪纸纹样的母题和表述形式具有鲜明的集团性、地域性和相当稳定的历史承继性,这是由其刺绣的社会功能和传承特性所决定的。

(六)苗鼓

苗鼓有庆年、庆神两种,随着苗族人民审美情趣和鼓乐承传的变化,一般在农历"四月八"、每年春节前后、赶秋、丰收喜庆、婚嫁、迎宾客等重大活动里,他们都以鼓乐相迎,以鼓乐作为抒发自己情感的特殊方式。

苗族鼓乐最具有舞蹈特色,因为苗族鼓乐常常伴随着舞蹈,它是音乐、舞蹈的完美结合。苗族鼓乐称为鼓舞,有很强的地域性。由于苗族文化、历史与审美的因素,苗鼓舞通过叙事性的表演方式,构成了湘西苗族鼓乐的独特个性;它通过一个个生动的舞蹈动作,再现了湘西苗族人民生活、劳动的图画,可以说它是一幅湘西苗族人的历史画卷。

苗鼓是苗家供奉的圣物,是苗族部落的象征,苗族从黄河到西南群山大迁徙的路上,一般的东西都丢掉,却保留着一面鼓。

苗家每遇到生死存亡的大事要决策,必举行盛大的"吃牛合鼓"仪典,一面鼓代表苗族的一个系或部落。百面鼓齐响,则象征万众一心,同仇敌忾。

苗鼓节是苗族传统的神圣节日。相传远古的时候,多头魔怪为害苗乡,糟蹋妇女,吞食孩子,无恶不作。勇敢的苗族后亚雄率同寨的伙伴们跳下天坑,经过七天七夜的血战,终于杀死了凶残的多头魔怪,救出了美女阿珠。

全寨人扶老携幼围着熊熊的篝火狂欢,庆贺胜利。亚雄等勇士剥下魔怪的皮，蒙成一面大鼓使劲敲打，据说，这便是苗鼓的起源。

苗鼓从此成了苗家男女老少皆喜欢的一项民俗活动。贵客来了跳迎宾鼓，逢年过节跳四面鼓，婚嫁迎娶跳猴儿鼓，丧事祭坛跳"老人鼓"。苗鼓代代相传，辈辈不衰，随着年代久远，花样打法愈来愈多。

为了便于苗家的鼓手们切磋鼓技，交流打法。每年五谷丰登的金秋九月九日就被定为传统的苗鼓节。苗鼓节的这一天，四乡的苗民请出封祭的苗鼓，抬至跳花跳月坪上，击鼓狂欢，通宵达旦。中年鼓手们各施绝技，闪展腾挪，要比个高低；青年男女们则以鼓为媒，击鼓盘歌传情。有缘者，成双成对踏着皎洁的月光走进密密的丛林。

苗族鼓舞艺术经过长期的发展，已经成为一种典型而独具特色的民间艺术形式，有着很深的艺术底蕴和实用价值。它与苗族人民的生活息息相关，直接反映了苗族人民热情质朴，勤劳勇敢，团结同心而富于理想、热爱生活的性格特征。它以其独特、多样的表现形式、丰富的文化内涵和强大的社会功能，展现出独特的艺术个性，成为民族艺术的一支奇葩。

第三节　彭水市级非物质文化遗产

彭水苗族土家族自治县有重庆市市级非物质文化遗产保护项目35项，主要包括以下内容。

一、竹板桥造纸技艺

重庆市彭水苗族土家族自治县朗溪乡田湾村竹板桥刘氏继承和发展了蔡伦造纸术，利用长溪河两岸丰富的竹资源生产环保草纸，家家有作坊，人人会造纸，被世人称之为"大山里的蔡伦部落"。竹板桥造纸技艺，因其历史悠久，工艺传承完整，极具保护价值，但处于濒危境地，2006年被列入重庆市非物质文化遗产保护项目。

据《彭水县志》载：早在唐宋时期，彭水人就学会了土法造纸。到清末，县内有近10个地方生产草纸已具规模。到20世纪80年代大多已消亡，只有竹板桥造纸顽强地生存了下来。

竹板桥刘氏造纸技艺大致经历了4次变迁，2次改进。造纸作坊先是在欧家洞，后搬到长溪河边，再搬上右岸半坡，最后才定居到现在的台地上。工艺上也做了制料和舀纸成型上的两次改进。20世纪50年代，他们大胆引进生石灰浸竹工艺，取缔了蒸煮制料的办法，用碾压法取替了碓捣法；20世纪70年代由刘开胜创研舀纸工艺，改每次成型1张为2张，提高工效一倍，同时改变原始型张，提高了产品的经济价值。

竹板桥造纸工艺，是中国古老文化的又一个见证。保护和发展这一传统技艺，对于传承中国古老文化、开发地方优秀文化旅游品牌，具有十分重大的历史意义和现实意义。

彭水盛产造纸用竹，特别是在长溪河、乌江两岸长成连片竹海，传统造纸技艺悠久。《彭水县志》载："唐代已能用岩竹为原料制造草纸，产品色黄而粗糙。""1949年，县内有造纸厂56家，年产草纸8000担，皮纸200担。其中庞溪、磨寨、郎溪、芦渡沟等地的产品质量较好，作各小学、私塾学生用纸。"这里的郎溪主要指的是长溪河竹板桥一带。

2006年纳入县、市非物质文化遗产保护项目后，为了实施有效保护，在市级传承人刘开胜的带领下,成立了彭水竹板桥草纸生产合作社,并以"朗溪竹板桥土法造纸协会"进行业务往来,实现了保护性发展。

郎溪竹板桥造纸技艺内容丰富,主要包括繁复的工序、精湛的工艺和独特的用具等。

(一) 造纸工序

竹板桥造纸工序十分复杂,有"七十二道脚手,除开吹那一口"的说法。其主要工艺有备料、制料、制浆、成型、干燥、包装等。

(1) **备料**。包括制造纤维、浸泡和胶合三个方面。纸纤维备料有伐竹、破碎生料;发酵用料为生石灰粉;胶合剂的备料一是采摘桦树叶,二是种植草本植物"桦叶"。

(2) **制料**。一是制作竹纤维,含鲊料、清洗、发汗、浸泡、碾压等工序。20世纪70年代以前,一直采用造地甑直接蒸煮生料为熟料的办法。二是制作胶合剂。采摘桦树叶晒干、碾磨、兑水调制;或者采"桦叶"捣碎取汁。

(3) **制浆**。主要有踩揉纤维、装缸加水、分纤搅匀、添加胶汁等。

(4) **成型**。主要有舀纸、去水、揭纸等工序,也是关键工序。

(5) **干燥**。采用晾晒来完成。

(6) **包装**。按"叠、合、捆"进行捆扎包装。

(二) 主要工艺

竹板桥造出的草纸要求色泽金黄,薄如蝉翼,均匀绵实,完好无损。主要掌控制料、制浆、成型三大工序,全凭技师的经验完成,至今无定量标准。

(三) 独特用具

竹板桥造纸所有工序全用人工完成。特别的用具有碎料的石碾(牛拉)去水的木榨、捣碎"桦叶"的碓等。

竹板桥造纸技艺,自清朝康熙年间(约1700年)由江西传入后,生产草纸一直成为刘氏宗族的主要谋生手段。起初,刘国伦在与竹板桥隔河相望的欧家洞开作坊生产草纸,但规模很小。到第四代时,欧家洞周边的竹子已经不能满足生产的需要,而竹板桥一带竹子资源却十分丰富,刘德富、刘德乾等兄弟便用自己的土地置换了竹板桥台地。随后,刘氏在竹板桥发展草纸,200余年长盛不衰，至今已传11代。竹板桥造纸技艺一直是家族式传承。直到20世纪70年代，搬迁到这里的董姓、马姓3户人家也向刘氏族人学会了这一古老的造纸术，造纸技艺开始外传。现在，整个自然村18户人家，近80个居民，家家有作坊，人人会造纸。

20世纪60年代以来，竹板桥造纸技艺得到进一步改进。20世纪60年代中期，第七代传承人刘坤华、第八代传承人刘天尧等，改蒸煮法为生石灰鲜料法软化生料，既节省了劳力和净化了环境。20世纪70年代，第九代传承人刘开胜，在继承传统工艺的基础上，创研冒纸工艺、改变原始型张，进一步提高了工效，增加了产品的经济价值。

二、龙塘麻糖

龙塘乡位于彭水县西南部，面积80.31平方公里，总人口7547人，其中非农业人口128人，辖8个村民委员会。乡人民政府驻龙塘坝。

该乡海拔在750~1300米，境内多为高原地貌，地势平坦，土地肥沃，主要农作物有玉米、红薯、稻谷等，玉米产出占全部粮食产出的70%左右。因山高路遥，商品流通困难，粮食不便直接出售，农户的玉米除自给自足外，还进行熬制麻糖等深加工。熬制麻糖已成为该乡传统，是以前农民增收的一条重要门路。但随着改革开放，经济转型，熬制麻糖的周期长，季节性也强，收入甚微，现在熬制麻糖的农户越来越少了，该乡桃园村村民向波一直坚持麻糖传统制作方法。

虽然彭水县境内各个乡镇均有麻糖制作的农户，但多以红薯为原料，其色、香、味均不如龙塘乡的玉米麻糖。

随着近年来旅游业的发展，政府对地方美食的包装打造，龙塘麻糖也脱颖而出，成为彭水地方传统美食的一种，逐渐在各种展会上抛头露面。

龙塘麻糖起源无详细记载，但它的产生是龙塘乡的地理位置特殊所决定的。

龙塘乡地处彭水边缘，与贵州的金竹、茅天接壤。以前交通不方便，进出乡靠山路翻山越岭。所以，农民的粮食基本上是自食为主。每年入秋后，山高雾大，玉米难于晒干，多用火炕，冬季冰雪天气较多，红薯怕冻，故红薯种植相对较少。农户种出来的红薯、玉米，除保留人畜食用外，都必须进行深加工处理。

以前，人们把红薯、玉米等熬制麻糖，放在陶罐里，可以用筷子绞作食用，也可以用于逢年过节或红白喜事，制作麻饼、酥食等食品的黏合剂，所以，几乎家家户户都会熬制麻糖，龙塘制作麻糖已是由来已久的传统，其技艺基本是以父母传给子女的模式传承。

据考证，桃园村向波制作麻糖十多年，师承吴汉琴，吴汉琴年轻时就向母亲吕应明学习麻糖制作，吕应明师承爷爷吕智学。吕智学的师傅是清朝末年人，至今已有百余年。

龙塘麻糖制作技艺，是数百年来劳动人民生活智慧的结晶，是彭水民族文化的重要组成部分。

通过对龙塘麻糖制作技艺的保护与利用，在继承和发扬优秀民族文化、促进民族旅游产业发展等方面具有较大的积极意义。

三、梅子山歌

梅子山歌是一种流传于彭水梅子为中心并遍及周边山区的，人们在各种个体劳动或群体娱乐中为了自娱自乐而唱的节奏自由、歌腔舒展、旋律悠长的山地民歌。梅子山歌源于生产和生活，咏唱内容十分丰富，情感深浓笃厚，声腔高亢激越，旋律跳荡起伏，十分别致，形成一种有别于其他地域的民歌特质。梅子山歌始于何时，具体年代虽无可考，但据其产生机理，最晚应为"赶恋拓业"的明末清初。

梅子山歌源自劳动与生活，又作用于劳动与生活。其突出特点是以山野为歌唱场地。为使所唱声腔传送空间更远，故将曲调提升高度，扩展音域，并加花增长时值。在加花部分填充号子衬词，便形成了当地特有的山歌号子，亦歌亦号。

梅子山歌以号子为主，内容十分丰富，有黄板溜号、连八句号、花号、老鸦号、过山号、梭子号、嚮嚮号、九转号、么姨娘号、碾田号、吃茶号、回笼号、排号、下田大号、清风冷号、冷号、下山号、茶号、黄羊号子、红羊号子、围腰号子、歌郎号子、烧香号子等。音乐形态丰富多样，有的高亢豪放，有的婉约抒情，在喊唱中宣泄情绪和传达情感，富于鼓动性和感染力。

梅子山歌具有独特的文化价值。属于较原始的民间音乐，在地域文化与民族音乐的比较研究中，具有较强的取样与存史的标本价值。它的山歌部分兼具山歌和号子的特点，属于彭水较有代表性的民歌之一，也是重庆市不可多得的民族文化遗产。它广泛渗入当地社会生活，成为各族人民表达思想感情的有效载体，对社会主义先进文化的建设起着重要的促进作用。梅子山歌与众不同，特征突出，为民族音乐创新与合理开发利用提供了极其宝贵的资源。

梅子山歌基本靠民众自由传承，由于现代生产生活方式的变革和受到泊来文化的强势冲击，甚至强导着优秀民俗的嬗变，使梅子山歌的生存环境逐渐消失。加之年轻人大量外出务工和青睐现代流行音乐，所以梅子山歌逐渐步入濒危的险境。

四、庙池甩手揖

庙池甩手揖是在拱手作揖的人生礼仪基础上发展起来的舞蹈。一般用于庆典、祈福等，也有用作祭祀活动的，是诸佛乡独有的礼仪习俗文化现象。

庙池甩手揖起源于何时，由什么人创造均无资料可考。据93岁的任远万介绍，庙池甩手揖至少在清朝时期就有了，最先出现在庙池村，现在红门村的活动比庙池更活跃。

庙池甩手揖分为阴阳两类。"阳性"甩手揖用于婚礼、寿诞等喜庆场合。表演时，将人员分成两队，由1人或2人领着众人跳，另加8个小孩（俗称"搞乱棒"）在里面扮演各种角色嬉戏。在单调的鼓点和钹声中，此进彼退，此侧彼斜，一张一弛，配合默契。其表演的内容有比脚大脚小、黄莺展翅、母猪爬背、黄牛擦背等。民族舞蹈工作者在挖掘中认为庙池甩手揖是土家摆手舞的雏形，将其舞蹈语汇归纳为揖摆、抖摆、牵手摆、端手摆、牛擦背摆等。"阴性"甩手揖用于"坐夜"祭奠亡灵。一是由法师进门途中，以类似于钹的"三四"敲击特殊的"3、4、5"音乐，配合甩手作揖的动作，表示对亡灵的尊重。二是在办道场的中途，由掌坛师一手持司刀、一手持令牌，帮坛师一手持火炉、一手持符咒幡，带领众人举行甩手作揖表演。舞蹈的时候，阳性甩手揖用鼓、钹伴奏，开场鼓用"幺二三"（即大鼓为"幺"，中鼓为"二"，小鼓为"三"），行进中只用"幺二三"中的"二鼓"。阴性甩手揖用"三四五"钹伴奏。

庙池甩手揖为多人对跳的集体舞蹈。庆典、祈福的甩手揖，进场时气氛热烈而活泼，进行时舞蹈者举手投足间模拟黄莺展翅、母猪爬背、黄牛擦背等动作。祭奠时的甩手揖庄严肃穆，动作谦恭，充分表达对死者的尊重与哀悼。甩手揖用于庆典、祈福的部分，开场时由领队喊开场白："盘子王，圣子王，今天我们来到×高堂。听说师傅手艺高，我们来踩个甩手揖！"每个动作的衔接处，也要报出下一个动作的名称。在开场时相互打拱作揖后，开始规定动作的比画，主要以手上动作为主，通过队列变化、旋转等，表现要模拟的动物动作形态。

庙池甩手揖涉及人类学、历史学、民族学、民俗学、文学、艺术学、音乐学等多学科领域，具有较高的学术价值。甩手揖是摆手舞的雏形，在文化比较及其研究中，是比较原始的珍贵资料。它是研究古代文化，特别是研究渝东南民族地区礼仪习俗文化，弘扬民族文化传统，进行民族文化研究、民族文艺创作的极好素材。

甩手揖广泛渗入当地社会生活，成为各族人民表达思想感情的有效载体，对社会主义先进文化的建设起着重要的促进作用。甩手揖经过一定的加工后，已成为彭水乃至渝东南地区发展旅游的文化资源。

近年来，县内文化工作者进行了一定的挖掘整理，当地学校的老师们也在学跳甩手揖，对甩手揖的发展有所推动。但是，庙池甩手揖基本靠师派传承，由于现代生产生活方式的变革和受到外来强势文化的冲击，特别是家庭联产承包责任制后年轻人大量外出务工，年轻人不再愿意涉足，随着老一辈民间艺人的衰老和去世，以致甩手揖逐渐步入濒危的险境。

五、木蜡庄傩戏

彭水巫医活动起源甚早，春秋战国时期已具规模。《太平寰宇记》载，彭水地区"其风淫祀"，居住在这里的廪君部落"俗尚巫鬼"。到了明清，祭祀鬼神的活动有增无减，也是这一习俗的延续。康熙《彭水县志》说："民俗信鬼神……有疾病则酬神愿"，有"还阳愿"等活动。民国时期，这些活动大多沿袭下来。

木蜡庄傩戏由附近的龙龟寺法师始创。属于武陵傩派。元明时期，在"俗尚巫鬼"的大环境下，龙龟寺僧徒们也走进民间，开坛举行杠神、还愿活动，筹集善款，在保留戏剧、花灯等特色的同时，吸纳民间俚俗语言，进行大胆调侃，在演绎傩戏的过程中形成了独具特色的木蜡庄傩戏。清代中期，在曾妙兴、覃法灵、甘法灵、冯法灵等人的推动下，木蜡庄傩戏得到进一步发展。抗日战争爆发后，民不聊生，开坛还愿者日渐稀少，木蜡庄傩戏开始衰败。到1948年，只有龙龟寺僧人冉玄清等师兄弟 3 人可以掌坛唱傩戏。

20 世纪 80 年代，道场、杠神等活动在木蜡庄周边地区开始恢复，冉正高开始收徒授艺。临近的贵州省道真县忠信镇，同门师兄弟韩继榜、朱忠孝、毛锡海等人，也开始开坛授徒。20 世纪 90 年代中期，道真县组织收集整理忠信镇傩戏对外公布，引起国家媒体、文艺单位的重视。冉正高应邀参加表演，受到专家、学者特别关注，激发了他的热情，促成了木蜡庄傩戏的快速发展。

木腊庄傩戏，既娱神又娱人，气氛浓重热烈，形式生动活泼。戏剧主要伴随在傩坛法事中进行，除少量的单独戏剧演出外，大量的戏剧包含在仪式中。演出时间的长短和数量由傩堂活动时间来决定，少则 3 天，多则 49 天，取单数。

（一）傩仪

木腊庄傩戏，仪式严格，保留了以驱鬼避邪为目的的特征。一般要举行起傩掩火、开坛吃席、立楼扎灶、申文奏疏、搭桥迎宾、请神下马、抛傩上转、合标祭坛、开洞盘洞、丙灵领牲、撒愿勾愿、造船撤坛等仪式。仪式中大多有戏剧，大多有一定的观赏价值和教育意义。

"起傩掩火"中的"掩火"就是要防止火灾发生。"立楼扎灶"中的请"二帝君王"（称之为"凳转"），法师将傩公、傩母两个半截雕像穿上衣装，用长约 80 厘米的竹竿支撑，立在倒扣的杯子上，待神偶站立后，念诀作法，然后将傩公、傩母供奉到坛楼神位，比较神秘。

"搭桥迎宾"一般包含搭桥、扫桥、修补、绣桥、分桥、河滨会将和撤桥等内容。洛阳迎宾傩宾画像长卷长 7 米多，形象多达 100 余个，具有一定的鉴赏价值。在打扫、祭祀桥梁的过程中，桥梁土地也前来助力助兴，增添了仪式的戏剧性。

"抛傩"演绎人的起源和傩的来历。法师三人分别装扮成伏羲兄妹和金龟子演绎故事。"灵官镇宅"则演绎灵官正神镇宅驱邪的功德。其中"和尚扫堂"一戏十分滑稽搞笑。

（二）傩戏

演出戏剧称之为"跳耍神"，说是愉悦鬼神，其实是取悦前来观看的宾客，这是整个活动中极其精彩的部分。

木蜡庄傩戏有上百种之多，除了在仪式中包含大量的戏剧舞蹈外，还有专门的戏剧舞蹈表演。演出时由"出戏"和"收戏"两部分组成，都要戴面具，一般为一"正"一"丑"，或者是搭配出场，大多在"盘洞"傩仪结束后集中进行。"出戏"，又称"发戏"，就是将面具以戏剧的形式展现在观众面前，亮相预热，大多只是一个开头，没有完整的故事情节。"收戏"在"丙灵领牲"、"灵官镇宅""撤愿勾愿"等傩仪中穿插进行，一般都将"出戏"部分的两个或几个人物串接在一起，以一个完整的故事情节为一台戏剧，是木蜡庄傩戏戏剧艺术的精华。

表演时，掌坛师带领法师、学徒 10～12 人，分别面带汉朝将军、白旗先锋、丙灵、龙头、勾怨叛子、撤怨叛子、周氏太婆、勤头、小三等 36 种面具，或借助小三夫妇、太子菩萨、翻天大妙等玩偶，利用大刀、曹铜、钺斧、雨伞、包袱等道具，身穿袍帽冠服，扮演生旦净末丑各角，主要演唱《伏羲兄妹造人烟》《兴周灭纣》《出二郎》《出灵官》《出土地》《包文正问案》等历史剧目，还演出《煊斧》《仙娘送子》《歪嘴婆娘》等俚俗"花戏"。

其形式多样，大多是折子戏，几乎没有独角戏。大多剧情完整，戏剧冲突较为突出，歌舞斗唱一应俱全，间有锣鼓伴奏。内容丰富，包含了军队、鬼蜮、市民生活等诸方面。生、旦、净、末、丑各角都由男法师扮演，夹以乡音对白、俚语调侃，场面热闹，惹人发笑。

戏剧文本中，有不少具有较高的历史研究价值和文艺鉴赏价值。如关于"傩坛的起源"，说"老君降下茅山殿，开坛去请李师兵。先立大坛安兵马，后至梅山伏鬼神。"那么，人间傩坛又设在哪里？《唐氏开洞》和《盘洞》讲，傩坛兵马平时关锁在常德府桃源县的桃源洞。又如，木蜡庄傩戏关于人的起源，明确是伏羲兄妹所造，而伏羲兄妹，在木蜡庄傩坛中就是傩公、傩母，就是傩神。还有《三王天子》中关于盘瓠王的记述等。这些都是不可多得的史料。

《伏羲兄妹造人烟》反映了人类初民社会血缘婚姻状况，这种历史的影子，迄今仍保留在我国各民族的民间传说中。剧情跌宕起伏：在一场洪荒浩劫时，伏羲兄妹凭借神葫芦得以逃生，但世间却没有了人烟。为了繁衍人类，哥哥只得向妹妹求婚成亲。妹妹开始碍于人伦不答应，后先许诺只要两扇石磨从两座山上滚下来重合了就答应。磨子重合了，又要两座山上的烟雾重合，既而如愿。可是，妹妹还是不应，藏入大山躲起来。在金龟子道人的帮助下，兄妹终于成婚。婚后生下一个肉球，夫妻将它割破挂在树上，抛在山坡上，后来就有了各姓氏的凡人。故事情节曲折动人，人物形象鲜明，具有较强的观赏性。

《修理钺斧》（《煊斧》）十分精彩。全剧由"山王天子过洞庭""八卦先师占卜""夏德海寻斧""师徒煊斧"等内容组成。剧情大致为桃源土地随山王天子赶赴人间傩坛，在乘船渡过洞庭湖时突遇风浪，山王的钺斧不慎掉入湖水，不知去向。上岸后遇到八卦先师，占卦知道了钺斧所在的水域。桃源土地请来东海打渔的夏德海，下到洞庭湖底打捞钺斧。历经千辛万苦打捞上来后，发现钺斧已经被鱼虾咬损了斧口。万般无奈之际，巧遇铁匠师徒二人，桃源土地便请求他们为山王修复斧口。于是，师徒二人设炉架箱，生火热铁，展口淬水。钺斧修理好后，桃源土地却百般赖账，师徒只得无奈离开。表演时，人物形象鲜明，唱腔多变，形式多样，动作搞笑，语言调侃，极具艺术魅力。

（三）特别法事

木蜡庄傩坛还可根据主人办坛的目的和要求的不同，还可进行上刀山、破域、下油锅、煞铧等驱鬼神避邪怪的活动。所有法事活动都惊心动魄，神秘莫测，但戏剧观赏性不强。其中："上刀山"，又称上"刀杆"。一般选用24把刀，最多时48把刀。由一名法师赤足上下刀杆，惊险刺激。"端红火盆"则将铁火盆锅放在木炭火中烧红后，由一名法师将火盆锅取出，赤手端盆，在院坝内破解各种炼狱，诡异神秘。

木腊庄傩戏是长江三峡地区巫文化的延续，是中国傩戏文化的组成部分，是乌江流域古代人类生活习俗的再现，对其实施有效保护具有重大的历史意义和积极的现实意义。2008年列入彭水县级非物质文化遗产保护项目，8月收录大型纪录片《重庆民族文化典藏》，2009年申报列入重庆市非物质文化遗产保护名录，内容曾被中央电视台选用。

六、彭水道场

彭水苗族土家族自治县，长期秉持传统信仰，保留着诸多人生习俗。"道场"就是其中之一。

彭水人忠孝情愫深厚，报恩思想特浓。融汇了儒家忠孝观及释家轮回观的佛教，在彭水较为流行。但民众并不皈依佛教，出于功利性与实用性要求，将为逝者办的"超度"科仪从佛教法事中剥离出来，以适应基于报恩心理的民间丧事礼仪。彭水道场由此产生。

在彭水，谁家有人辞世，便要请"道师"进门，在自家设坛。坛内挂释迦牟尼佛、孔圣人、李老君等画像。面对画像，"道师"们敲打着铙、钹、鼓、锣等多种乐器，梵音呗唱，做着顶礼膜拜如舞蹈的动作，办着"开坛""关白""启白""荐灵"等一场场科仪，祈祷神力为逝者"超度"不受"轮回"之苦。

彭水道场不同宗教法事，道师们自称是"艺"。操办者自称"道师"，不是专属宗教的僧人或道士，也不是在家奉教的居士，而是亦农亦"艺"的农民。平日在自家从不教习道场功课，其传授方法是"艺随坛学"。给人办道场后，像艺人那样按天数获取报酬。

彭水"道场"的形成，有一个从宗教斋仪逐渐蜕变的漫长历程。民众对佛教出世等核心价值取向并不追求，而对其"六道轮回""超度"等信仰倒感兴趣。在民众的需求下，使之民俗化，与宗教剥离成了纯粹丧事民俗礼仪。道场的产生，据资料推算大致在明末清初。

道场，是彭水苗族土家族自治县的重要民俗文化，由于种种原因使我们知之甚少，是至今尚存的未知领域之一。从学术角度看，那里边深藏着许多宝贵文化信息值得掘探。比如道场所吟唱的三十多支曲牌中，像《满庭芳》《望江南》《挂金索》《南香词》《柳含烟》等，与我们平日读到的律词"词牌"完全同名。由于"词"只有文字没留曲调，历来研究者只能从词的"阕"数、句数、句中的言数、每言的平仄声调等去求其词律。而在彭水道场里，道师们对这些"词调"是真正和着曲谱在唱的。这对我国诗歌史上三大奇葩之一的"词"的深入研究，更具重要的意义。

七、木雕技艺

木雕技艺在彭水起源较早，至今在彭水县新田镇"三潮圣水"尚存的元代建筑中，均可看到精美神龛雕刻和窗花、建筑构建等。黄杨木雕也是很早就运用到彭水地区的人民生产生活之中，虽无详考，但世代相传，人们有喜爱用黄杨木雕刻印章、食品类印拓、艺术摆件等习俗。彭水"古谓之蛮蜒聚落"。蛮，号指苗族先民，居山地；蜒，即蜒民，多居水边平地。这种古代的聚落，是从原始形态的村社演变而来，依山而居，以村落形式，相互呼应。人们自古勤劳朴实，热爱自然，崇尚天人合一，聪明的苗家人们很早就发现了黄杨木材质坚硬、木质细腻，适合雕刻，加上它色泽鲜黄，极为喜气，很受人们欢迎。彭水属武陵山区，山高水丰，气候温和，很适宜黄杨木的生长，山崴或坡地均可见黄杨生长，小则尺许，葱郁于山坡，或被百姓移栽庭院绿化；大的高有几丈，直径十多或二十余厘米，是雕刻的最佳材料之一，人们多用于制作生产生活用具，由此产生了彭水黄杨木雕技艺，并渐渐地从传统木工中分化出来，形成以雕刻为主的艺人群体，技艺代代相传，并以此谋生。

但随着时代的发展，社会结构和生产生活方式的改变，特别是近年来，城市化的推进，人们渐渐远离村庄，移居城里，相应的彭水黄杨木雕技艺亦如传统木工技术一样，在人们生产生活中应用相对减少，加上科学技术的发展，电脑雕刻的出现，机器的整齐划一和高效率，冲击着传统雕刻技术，很多雕刻艺人因难以此谋生而渐渐转行。

正如大浪淘沙始见金，社会经历了现代电脑雕刻的洗礼后，才发现传统手工雕刻的精美和唯一，很多环节是电脑无法取代和做到的，加上人们物质生活富足后，对艺术品的需求渐渐升温，艺术品把玩摆件等市场前景看好，彭水黄杨木雕技艺生机盎然。周宫平同志自幼研习木艺，一直坚持黄杨木雕，便自筹资金创办黄杨木雕工作室，并被中国工艺美术大师柯愈勷赏识，成为嫡传三弟子，潜心致力于黄杨木摆件雕刻，并坚持带徒传艺。

为了保证彭水黄杨木雕技艺的永续传承，政府重视并加以保护，已势在必行。

八、黄家坝灰豆腐

黄家坝灰豆腐是重庆市彭水苗族土家族自治县黄家镇一带的传统饮食。它是在鲜豆腐的基础上加以灰鲊制、炒制、除尘等制作工艺，生产出的一种新食品，具有耐贮耐运，柔韧皮实，食用方便等特点，极大地扩展了豆腐的食用空间，深得群众喜爱，是当地群众餐桌上的佳品。

黄家镇位于彭水自治县的西南部，地处渝黔边区大娄山北缘山地，距离县城46公里；东与朗溪乡接壤，南与贵州省务川县浞水镇相连，西与润溪乡、龙塘乡比邻，北与靛水乡、汉葭镇相连。属中亚热带温润季风气候区，常年平均气温17.50℃，降雨量1104.20毫米，气候温和，雨量充沛多集中，光照偏少云雾多，无霜期长，具有典型的季风气候特征。地貌类型复杂，自然环境各异。

山脉走向呈东北向，低阶地、坡麓、岩溶洼地及小型山间盆地相间，顺逆地貌并存，地势西北高、东南低。为构造剥蚀的中低山地形，成层现象明显，多石灰岩，夹有页岩和砂岩。海拔在320~1675米。黄家镇历史悠久，因集镇驻地有黄家河、双叉河在此汇入长溪河，故古时又称双河场。清初，肖氏兴起，改名肖家坝。迄止清代中期，肖氏没落，黄姓人多势大，又更为黄家坝，沿用至今。2001年8月，撤销原上岩西乡、猴栗乡、大厂乡等所属行政区域，合并组建黄家镇。

包括黄家镇在内的渝东南与黔东北结合部，多深山峡谷，山高坡陡，土地贫瘠，适合豆类生长，当地历史上便广泛种植黄豆，成为当地群众的常备食用农产品之一，豆腐也是广为流传的饮食佳肴。但是，鲜豆腐加工过程相对较为复杂，成品易腐易碎，不便贮运，增加了人们食用豆腐的难度，在这一带普遍流传着"杀牛等得，推豆腐等不得"的俗语，可见当年制作鲜豆腐并非易事，导致豆腐一直是当地群众餐桌上的"稀客"，成为逢年过节，招待宾客的奢侈品。为了实现豆腐的耐贮耐运，改善可食性状，当地民众进行了长时间探索，最后终于摸索出了灰豆腐制作工艺，极大地改善了豆腐的食用性，终于将餐桌上的"稀客"变成了"常客"。灰豆腐制作工艺产生于厨房之中，也流传于厨房之中，所以其传承方式主要以家传为主，传承人以妇女为主。

就灰豆腐作为食品而言，具有营养丰富，绿色环保，菜品易于加工，食口性好的特点，是深受当地群众喜爱的食品，应当继续传承。其制作技艺更是体现了当地少数民族群众的聪明智慧，通过对这一传统饮食制作技艺的传承和研究，可以深入了解当地的民风民俗，饮食习惯，烹饪技艺及饮食营养，对研究当地的民族历史与文化具有重大作用。但是，由于灰豆腐用料讲究，制作过程工艺复杂，制作环境艰苦，无法进行工厂化生产，导致成本高，利润低，传承人越来越少，面临断代失传的危险，应当加大保护力度，确保这一民间食品工艺得以长期传承。

九、彭水米花制作技艺

米花，即以糯米为原料，通过特殊工艺制作出的美食，呈圆形，向日葵状，故名米花。

彭水米花制作技艺源远流长，但无确切年代记载。苗族人民自古勤劳朴实，充满生活智慧,虽然历经数次历史变迁,但生命力顽强,一直崇尚和平,热情待客。随着苗族人民的世代定居,逐渐形成了一系列的民俗民风,其中米花制作技艺就应用于广大人民的日常生活之中。彭水盛产糯米,为米花制作提供原料保障,使米花成为昔日人们过节日和办喜事必备的美味食品。米花属油炸类干食,类同点心,苗家嫁女、娶媳妇,或祝寿、生孩子、过节等喜事类,一般都有这道菜,通常是用于正席主菜前,或当点心宵夜用,有时还作为回馈的礼物送给客人。客人也可以当作礼品送给办喜事的人家,其制作技艺复杂,需待数日方可完成。

但随着改革开放,大量新食品的出现,加上人们观念更新,大小喜事从简操办,目前制作米花的人逐渐减少,老一代会这门手艺的人相继逝去,目前只有以彭水县梅子垭镇两河村二组崔会嫒为代表的极少数人掌握,并坚持着这门技术。

为了保证米花制作技艺的传承,积极传承并加以保护已势在必行。

十、青瓦烧制工艺

青瓦,即横断面小于半圆的弧形,前端稍狭于后端的片瓦,因不上釉,烧出成品为青灰色而得名。既有别于古宫廷、庙宇建筑用的筒形琉璃瓦,又有别于扣榫板状的所谓"洋瓦"。

彭水域内何时始制青瓦已无资可考。但其烧制,此前于彭水并不少见。旧社会百姓贫苦,草棚穴居不少,瓦的应用曾是奢侈。新中国成立后,特别是改革开放以来,民众生活改善,修房造屋形成高潮,青瓦烧制由复苏而兴盛。仅桑柘乡李家坝几乎是家家烧制。随着农村改革与发展向纵深推进,农民收入迅速增加,建房向钢混结构转化,从此便使独具地域特色的传统木屋失宠,同与之共生的青瓦一起,大有被挤出历史之势。目前仅桑柘镇李家坝还有李举强兄弟三家尚在间歇性烧制青瓦。

青瓦烧制工艺并不复杂,但程序却多。选泥、踩泥、挞泥墩、扯泥皮,车瓦、撩齐、搁桶晾干、拍桶成片、入窑堆码、架窑烧制、筑田冷却、开窑出瓦。前后要近百个工作日,方可烧制一窑二万五千匹瓦来。

如烧制中火候、筑田加水等技术掌握得好,所烧出的瓦则一色青灰,敲击成"铛铛"声,质地牢固,否则成红色且易碎的废品。

李家坝烧制青瓦的历史至少已近200年。此地窑户虽无完整的传承记载。但凭李举强等记忆，仍能说出上推六代传人姓名，可见年代之久。

遗憾的是，该地民间沿用数千年的，民族风格极浓并已成地域建筑符号的吊脚木楼，在泊来文化严重排挤下正遭遗弃，青瓦需求萎缩，烧制技艺已无人为继濒临失传。民族优秀的文化遗产不能湮灭，必须保护。可持续发展的低碳经济，亦提倡返朴归真回归自然。这彰显天人合一理念，特具巴渝地域风格的青瓦木屋理应得到保留。民间青瓦烧制技艺应是该地重要的非物质文化遗产而加以保护。

十一、彭水"耍锣鼓"

彭水"耍锣鼓"是彭水民间礼俗与公众庆典中的必有"角色"。过生祝寿、娶媳迎亲、修房建屋、造墓立碑、悼奠殡葬等都打锣鼓。彭水人从娘胎出生到死后入土，一生都是在耍锣鼓相伴下度过。耍锣鼓是彭水流传至今的重要文艺表现形式。

彭水"耍锣鼓"，由盆鼓、马锣、大锣、钹四件打击乐器组合演奏。由于彭水"耍锣鼓"用的四件乐器形制与其他地方不同，奏出的音色十分特别，浑圆甜润，侃切清丽，旋律十分优美。

彭水耍锣鼓曲牌繁多，经普查收集的有四百余首。有单奏曲牌和套曲两类。套曲由几支曲牌联奏，如《座台》《长路引》等。还有"专用""通用"之分。"红"喜会专用曲牌有《欢喜团》《大红花》《凤点头》《加官头》《栽花》等。用于丧事"白"喜会的曲牌，有《入地眼》《仙鹤归》《心欠欠》《丰都花》等。其余多数是通用曲牌。

彭水处渝黔湘鄂边特殊地域，漫长的历史使之融溶了巴蜀楚黔文化元素，积淀着苗族、土家及汉族的人文基因。使这脱胎于苗族端公戏的耍锣鼓，既浸润着川剧锣鼓的色彩，又吸取了湘西打溜子的技法，从而衍生出"鼓引子"和"吵吵钹"等奇丽演奏形态，在我国民间打击乐中独具特色，在民间器乐形态学中具有标本性价值，更可为器乐发生学提供规律探讨的宝贵资料。

彭水耍锣鼓，是彭水民间文艺的重要品牌，是深融于民众心理的各种人生礼俗不可或缺的有机结合体，是以苗族为主彭水各族人民最重要的非物质文化遗产之一。

十二、太原民歌

"太原民歌",是重庆市东南彭水苗族土家族自治县太原乡一带的民歌。彭水苗族土家族自治县,位于武陵山系与大娄山系交汇的褶皱地带,东邻湖南,南连贵州,西接渝中腹地,北挨湖北。长期以来,苗族、土家族、汉族等多个民族在这一带迁徙、定居、发展,形成了特殊的"文化媾融区",太原民歌媾融我国西南民歌风格,有悠久的传唱历史,唐代诗人许棠在《黔南李牧书》中就说"俗土尚巴歌",宋代贬谪到此的黄庭坚在彭水期间写下的诗文中也多有描述,如"蛮歌走向,香凝午帐""此邦乐籍,似皆胜渝泸,微有成都之风也",许棠和黄庭坚在诗文中提到的这里的"巴歌""蛮歌"指的就是彭水太原一带特定地域里流行的乡土民歌的一部分。

彭水是重庆市唯一的以苗族为主体的少数民族自治县,而太原乡的土家族人口数量超过了苗族,是彭水境内以土家族为主体的行政乡。所以,太原民歌以土家族民歌为主,又涵化苗族等其他民族的特质基因,从而在内容上、形式上、唱腔上形成了独特的风格。

太原民歌内容极其丰富,有劳动歌、时政歌、仪式歌、诀术歌、哭嫁歌、福事歌以及孝歌、酒歌、花文、情歌、历史歌、儿歌等。其代表性民歌有《齐田大号》《十劝姑娘家》《梳头打扮跟你走》《盘歌》《劝郎歌》《十绣古人》《这山没有那山高》等。

在演唱形式上有独唱、合唱、对唱,可以边歌边舞,也可以坐唱,形式多样;唱腔风格上节奏感强,婉转抒情,也不乏粗犷豪放,并略带野性,极易调动情感,富于感染力。而太原民歌最具特点的唱腔为"溜溜调"。

以上奠定了它在文化比较学、音乐形态学及民族音乐史研究中具有的不可或缺的取样与存史的标本价值,是弘扬传统民族文化,进行新音乐创作的极好素材。

近年来,彭水当地政府组织本土文化工作者深入太原乡村,挖掘整理了部分太原民歌,同时积极组织太原民歌手深入旅游景点演唱和参加县内外民间文艺展演,是太原民歌逐步彰显出个性鲜明的民族文化魅力。随着彭水旅游开发,太原民歌也必将成为重庆市民族文化重要品牌。

十三、普子火药

火药是我国的四大发明之一,火药的发明大大推进了世界历史发展的进程,是中华民族对世界科学的重大贡献。

火药在彭水普子镇尚能制作,普子镇位于彭水北部,居七曜山一侧,是典型的高山喀斯特地貌区。该地有许多可以熬制火药重要原料"硝"的山洞。

火药最初并非用于军事,而是用作药物和游艺娱乐,当今彭水普子人制作的火药,与古时初始状态火药一样,因其燃暴威力的局限,其功能也仅用于民俗舞龙时的火花制作。

普子的"铁炮火龙"极负盛名。而"火龙"之亮点在于助威"烧"龙的"火花":夜黑中,在游滚翻腾的龙身周围,竟喷着一簇簇闪光眩目声威猛烈的"火花",使龙舞愈显奇妙与神圣。

"火花"是在火药里分别配入铁、铜等不同金属粉末而制成并专用于舞龙的特种烟花。要制作烟花,火药的制作又是前提。

火药是中国古代炼丹家在企图炼制"长生不老"丹药过程中偶然发明的。在总结以前炼丹家经验的基础上,于唐高宗与宪宗年间,提出硫黄伏火法这种较为管用的配方。用硫黄、硝石,研成粉末,再加皂角子或马兜铃(含炭素)一起烧炼,以图降低硫黄等原药的毒性。这便配成了一种极易燃烧的药,被称为"着火的药",即火药。火药发明之后,最初确被当作药类。《本草纲目》中就提到火药能治疮癣、杀虫,辟湿气、瘟疫。在宋代也用于诸军马戏中杂技或幻术演出,以收神奇迷离之效。再后才用于军事。

彭水普子玩火龙配制烟花的火药,与当今用硝化棉、醇醚溶剂、二苯胺、樟脑、石墨等制的黑火药不同,基本上就是古代火药的原貌,威力弱,较安全,故民间一直沿用于民俗游乐项目。

普子火药关键在硝与硫黄两种原料的熬制。

在卡斯特地貌的山洞中,有一种含硝的泥,年代越久含量越丰。将这"硝泥"取出,倒进水中使"硝"溶入水里,再过滤去泥。将这"硝水"熬浓醑成茶褐色液体的"硝托子"。再在硝托子中加入桐壳灰搅拌,使之相互作用起化学还原反应。最后将这种水再过滤再熬制。在熬的过程中用木片搅合加速水分挥发进程。当锅里水分熬干后,剩下的便是白色柱状晶体"硝"。

硝的熬制相对安全,个体作坊便可进行。硫黄的熬制因有二氧化硫中毒危险而一般不去熬制，是在市场购买。炭是泡木如泡杉或苞谷心等烧制的，才易接火传递燃烧。制作火花的火药，就是这三种材料。

若要制作舞龙用的"火花"，在火药里再加入用铁碗冲细的（铸）铁、铜等金属粉末一道配制便成。

十四、普子铁炮火龙

普子铁炮火龙是我国城乡诸多民间龙舞中极具特色的一种。在龙形设计、编扎裱糊工艺、彩绘、上光固化、龙体内照明用油练的制作、舞龙的队形与动作编排、在年节时出龙烧龙的民俗因素，特别是舞龙时用上铁炮发令助威及土制铁末火花烧龙等，使普子铁炮火龙十分别致且充满神秘色彩，使其在诸多民族民间非物质文化遗产中具有独特品位。

古老的中国农业文化土壤，诞生、养育了独立特行的龙文化。《说文》十一载："龙，鳞虫之长，能幽能明，能细能巨，能短能长，春分而登天，秋分而潜渊。"是能兴云驭雨的神物。人们赋予它蓬勃的生命和善良的心地，它能给人带来幸运与吉祥，这是数千年来它被中华民族喜爱的原因，并进而形成龙神崇拜，龙舞就是在这种民众心理为基础的文化背景下逐渐形成的。

舞龙自何时始，至今无定论。但彭水民间却流传着"龙灯本是唐朝兴"的传说。据访，民众说当地舞龙世代相传从未中断。现冉家玩班已经传至第四代。

普子铁炮火龙是大龙。俱用竹、木、纸扎糊成形，并用麻布相连。因世间无龙的形象可依参照，在扎制彩绘时，则按传说中龙"角似鹿、头似驼、眼似虾、耳似牛、颈似蛇、腹似蜃、鳞似鲤、爪似鹰、掌似虎"为据，腹中置"油练"作灯火照明，故称"龙灯"。龙身由单数节组成，一般为11、13、15节不等，一人执舞一节，耍龙尾的多为滑稽可笑的小丑。舞铁炮火龙，必须有与之配套的"铁炮""黄烟"与"火花"。铁炮三声巨响，为首一人举一裹着红绸的巨"宝"跃出，紧跟"宝"后的，就是张着巨口的长龙翻腾出场。随之锣鼓唢呐齐鸣，舞龙大汉大吼着"哦哦"之声，前面耍"宝"的人将"宝"上下翻滚，龙则随"宝"翻腾奋力抢"宝"。并做出黄龙出洞、黄龙滚滩、黄龙盘腰、黄龙穿尾、黄龙跃门、黄龙穿花、滚龙入海等动作。龙入场后，必以黄烟低喷场地，使近地空间充满黄白色烟雾，以隐舞龙者身体，使见龙不见人，龙便在黄色的云烟中翻滚腾跃缠绕出没。以合《易经》讲的"云从龙"的意象。在这腾龙的四周喷放着铁末火花,这可是一道道名副其实的"银花火树"。火花放射时声如雷啸,加上跟着龙燃放的长竿鞭炮及锣鼓声和舞龙壮汉的吆喝声混成一片,其阵势与声威,真是震天撼地壮烈无比,叫人惊心动魄摧肝裂胆。舞龙汉子们就图在这威猛的阵仗中过把玩火龙的瘾,而观赏者更是大饱眼福,过年的欢乐与狂热便推向了极致。

普子铁炮火龙的出龙时间,按传统一般在正月。即上九(农历正月初九)辰时请龙(对龙头开光),申时出龙,元宵节(农历正月十五)亥时后烧龙(除留下木制的龙骨架与龙把子外,将当年竹扎纸糊并彩绘的龙身拆下烧掉以送龙升天,来年再重新扎制)。其间玩七夜。白天不玩,因白天铁水火花燃放不出效果,故无声势。舞龙的目的,除欢庆当年丰收及祈祷来年风调雨顺、人寿年丰外,还依照传统在元宵夜的"灯节"上一展雄威,尽兴释放舞龙汉子们的激情,给民众制造年节的欢乐,将一年仅此一次的年节推向高潮。

当今陈规常被改革,所扎制的龙不再焚烧掉,且舞龙时节也不固定在正月,只要有重大节日或庆典活动均要舞龙助兴。舞龙时虽黄烟照放,为安全考虑,铁末火花已不对准龙和人喷射,而是朝空燃放以造气氛,使当今的铁炮火龙更具表演性与观赏性而降低了惊险与刺激。不过,即使如此,要玩普子的铁炮火龙仍不是件容易的事,必须做许多配套准备工作。

十五、郁山擀酥

郁山擀酥饼是清朝嘉庆年间由"严富春斋"名师研制而成,其秘方流传至今已经 200 余年。民国时期,擀酥饼在郁山得到迅速发展,除严富春外,殷氏家族也学习研制擀酥饼。新中国成立后,郁山区供销社建厂组织规模化生产,郁山擀酥饼的技艺得以更大范围的传承。20 世纪 80 年代市场放开后,郁山区供销社停产,随后冉隆权、罗登文也相继去世,杜业德、殷勇等人又各自开设家庭作坊继续生产郁山擀酥系列产品,供应市场。

郁山擀酥饼的生产工艺复杂,质量要求高,品种和规格较多。它以上等精面粉为主料,选用黄豆、花生、芝麻、冰糖、白糖、饴糖、桂花、猪油等 20 余种材料为配料,经过和面、制酥、制皮、包酥、擀酥、包馅、成型、上芝、烘烤、分检包装等工艺流程精工制作而成。成品有酥饼、月饼、印花饼、罗汉饼等系列,有桂花、豆沙等品种。月饼、印花饼、罗汉饼都有木质印模。

郁山擀酥饼制作工艺中最关键的是制酥、制馅和烘烤。其口感主要取决于制酥和制馅，一般都秘而不宣。

郁山擀酥饼采用上等的面粉、饴糖、芝麻、黄豆、桂花等原料，经手工精制而成，不含任何添加剂，从原材料到整个加工过程都未受到任何污染，属于纯天然的健康食品。成品呈金黄色，具有"香、甜、酥、脆"的特点，食后"丹桂盈口"。有名人赞道："食尽江南珍馐味，始知郁山有擀酥。"由于没有使用任何添加剂、防腐剂等化学药品，春夏保质期3个月，秋冬保质期达到6个月，存放期在同类食品中算长的。

郁山擀酥饼工艺是中华酥饼制作工艺中的一朵奇葩，在历史学、商品学、美术学、饮食文化等方面都有不可取代的资料价值和学术价值。它不愧为原始手工技艺的"活化石"，对于研究彭水乃至重庆市的饮食文化、民族文化、商业文化均有极其重大的史料价值和积极的意义。同时，它是在郁山发展起来的特色食品，是重庆特色饮食家族的重要成员之一，研究和保护这一传统工艺，有利于打造重庆商品品牌。

郁山擀酥饼由手工制作，工艺复杂，产量不高，在当代普遍采用科学技术制作名特食品的背景下，竞争能力相对较弱。历史以来，制酥、制馅两个核心的工艺都是秘不外传，绝技大多随着大师的去世而消失。随着市场竞争的进一步加剧和传承人的去世，这门优秀的传统工艺就有消失的危险，必须及时整理，加强保护。

十六、郁山鸡豆花

郁山鸡豆花是重庆市彭水苗族土家族自治县郁山古镇的一道佳肴，因其原料为母鸡肉、蛋，形色均如豆花而得名。相传，鸡豆花为唐代废太子李承乾的丫鬟可心创造，在郁山流传也有1300余年的历史。

郁山鸡豆花在郁山镇市民中广为流传，在喜庆宴会、酒席上都要制备鸡豆花招待客人，成为郁山最具特色的饮食佳品。近年来，彭水县城的部分宾馆、酒楼引进鸡豆花这道佳肴，受到了来宾的高度赞赏。

郁山鸡豆花的制作工艺复杂，技艺精湛，用料考究。选用新鲜母鸡鸡脯肉，经去筋、剁碎捣烂溶入芡粉水中，与蛋清糕搅匀后，放入熬制好鸡汤内煮熟即可。它色彩晶莹，清香鲜嫩，入口即化，老少咸宜。

郁山鸡豆花历史悠久，文化内涵丰富，为传统的优秀饮食佳品，是中国食品佳肴的一分子。在历史学、营养学、饮食文化等方面均有研究和比较价值，对于研究彭水乃至重庆饮食文化有不可替代的史料价值。郁山鸡豆花极富地方特色，为开发民族食品，建立旅游食品品牌提供了美好的前景。

郁山鸡豆花选料严格，工序繁多，工艺复杂，费工费时，制作成本高。虽然近年来在县城的部分餐馆、酒楼开发了这道菜品，因其价格较高等原因，无法成为大众食品。随着现代生活节奏的加快，鸡豆花这道优秀的传统佳肴的工艺传承越来越困难，必须加强政策性保护工作。

十七、郁山孝歌

郁山孝歌是在郁山多种民族、多种经济形态共存的文化背景下诞育的，容纳多种文化形态的特定丧俗，从形式上看，它又是为祭奠亡灵而演唱的以歌曲形式存现的民俗活动。其主要分布在彭水郁山镇，并衍生至毗邻的彭水连湖镇、芦塘乡、龙溪乡、走马乡，以及黔江黑溪镇。

在郁山地带，人死入殓后，往往要停丧数日，入殓后的第一夜到下葬前一夜，亲朋邻里往往聚集丧家，通宵达旦，称作"坐夜"。据古籍记载："其父母初丧，击鼓以道哀，其歌必号，其众必跳。""丧家每夜聚众而讴，鼓歌弦唱，彻夜不休。"《后汉书》记载："其死停丧十余日，家人哭泣不进酒食，而等类就歌舞为乐。"古籍中的"歌"即为"丧歌"，它是武陵山少数民族地区"闹丧"习俗的重要组成部分。郁山孝歌是在民间习俗的演进过程中摒弃了"跳丧"中的"其众必跳"、继承了"其歌必号"，并发展成以反映儒家"忠孝节义"观为主要思想内涵的民俗活动。郁山孝歌并无固定唱本，主要是口授相传，所以起源何时，由谁创造，难以考证，但唱词的"歌头"追述了楚王母去世后才兴起"打鼓闹丧"，这与郁山在周朝末年至春秋很长一段时期属于楚黔中的历史事实相吻合。

郁山孝歌一般由四人、六人或八人组成的固定唱班演唱，演唱从去世入殓后第一夜开始，下葬前一夜结束，每夜必唱。演唱时，由唱班成员轮流执鼓掌坛，形式上有轮唱、有合唱、有单独唱，偶尔中间夹杂说白。调式为哭腔，唱腔讲究"高傲上呛"，以唱代哭，一歌三叹，尾调拉长，极具凝重肃穆、庄严伤感韵味。从程式上看，从第一夜起包括竖灵牌、唱歌头、安五方神圣、迎王、劝亡灵喝酒三巡、唱书等到最后一夜送神结束。唱词主要由唱班师傅即兴发挥，有现场说事有追忆死者生平有评说生死轮回有教化后人，而"唱书"部分主要演绎《木莲救母》《清官图》《岳母刺字》《蟒蛇记》《三国演义》《十月怀胎》《卖身葬父》等反映"忠孝节义"的传统著作。

郁山孝歌的思想内涵博大精深，融汇了多种文化形态。从反映的内容上看，主要包容的是儒家文化，送神、劝酒和演唱生死轮回这些内容又有明显的巫傩、佛教、道教文化痕迹，同时具有浓厚的民族文化内涵。

郁山孝歌对于研究中国各种文化的形态存在和相互融合的历史进程，弘扬中国传统文化，促进社会主义和谐等具有杰出价值。

十八、涪翁烧白

涪翁烧白的主要传承地为彭水自治县郁山古镇。郁山历史上极为繁盛，往来商贾，络绎不绝，富甲西蜀，郁江上"昼看千人拱手，夜观万盏明灯"是当时最生动的写照，加上郁山蛮荒闭塞，宋、唐时期，被贬谪或流放到彭水的朝堂官员较多，这些官员寓居彭水期间寄情山水，踏歌而行，和彭水民众交流交融，创作了大量脍炙人口的好文、流传了许多扶贫济困的佳话，成为黔中文化的重要组成。

字号涪翁的黄庭坚于宋元祐九年（公元1094年）被哲宗皇帝贬谪为涪州别驾，遣黔州（今彭水）安置。"闲居不欲与公家相关"，黄庭坚在彭水游乐于山水之间与民同乐同醉，深得民众喜爱，令人敬仰。他尤其喜食当地土法制作的老盐菜、麦酱和渣海椒，并创造性地将这些土菜与五花肉共同烹制出回味绵香、软糯爽口的碗碗肉，民众因敬仰黄庭坚，将碗碗肉取名为"涪翁烧白"。随着岁月的更迭，"涪翁烧白"又名"郁山烧白"。

涪翁烧白的制作工具简单，需蒸锅、盆、钵、勺和土陶碗。食材的主料有五花肉、老盐菜、渣海椒；辅料有姜米、蒜米、料酒、醪糟、菜籽油、盐、鸡精、味精、花椒粉、胡椒粉、土麦酱、生抽、老抽等。

涪翁烧白的传统制作流程分为六步：第一步，五花肉焯水，撇掉浮沫，去掉血水和腥味，捞出控干水分，肉皮上均匀涂抹土麦酱和醪糟，腌制5分钟，煮肉水舀入盆里放凉；第二步，锅内倒入适量菜籽油，油温九成后，把腌好的五花肉皮朝下放入油锅炸，肉皮炸至金黄后捞出，放入煮肉水里浸泡10分钟；

第三步，把肉从煮肉水里捞出，控干水分后切成6厘米长、1厘米厚的片，肉皮朝下摆放在土陶碗里，每碗摆放12片肉为宜；第四步，把老盐菜和渣海椒入锅炒香，然后均匀地在肉片上铺上一层炒料，炒料不能太薄和太厚，以不见肉为标准；第五步，把剩余调料倒入一个碗中搅拌混合，每碗淋上一勺调料；第六步，将肉碗放入大火烧开后的蒸锅里，猛火蒸50分钟。

涪翁烧白见证着彭水的兴衰历史，承载着民众的感恩情怀，是彭水民族文化的重要内容之一，是郁山民众生活和劳动智慧的结晶。涪翁烧白是郁山历史上发展极其鼎盛时候的产物，是一部郁山历史变革演进、民族交流交融的活化石。现在涪翁烧白成为彭水传统饮食文化的一张靓丽名片，对彭水民族特色旅游的发展发挥着积极的助推作用。

十九、苗山打闹

苗山打闹是彭水劳动歌曲中的田歌，分两类：在水田薅秧用的叫水闹，在旱地苞谷地薅草用的叫山闹，一般多指后者。因演唱有领有合形式与号子同，故又名打闹号子，又因山闹限用于玉米地薅草并有锣鼓伴奏，故又称薅草锣鼓。打闹者走在劳动阵列前头（俗称意头），面对薅草队伍边敲边唱，鼓舞干劲，振奋精神，还监视偷懒者，催促薅草人快速劳作，从而提高劳动效率。在人少地多又需赶季节时，打闹已成一种很有效的薅草组织形式。

打闹形式多为领合、轮唱和对唱。主要是二人（三至四人极少）边打边唱。敲鼓者为主，任主唱、领唱。敲锣者为辅，任接唱、合唱。敲鼓者是两人中嗓子最高亢洪亮，记歌最多，且能临场编词的。为辅的敲锣者条件要求虽没主唱者那么高，但仍是优秀的能打会唱者。

打闹根据一天时间分段，以套曲程式演唱出上田号、排翼号、午时号、辞别歌、收工号、煞闹号等，套曲各时段曲牌中又夹着许多分支曲牌，如转坡号、犟牯号、溜溜号、野猫号、车车号、冷号、大郎号、屋檐号、山歌号、采茶号、口号、花号、盘歌号等，不一而足。根据打闹时锣鼓敲击的节奏及歌唱的旋律区别，又分为"陡鼓闹"和"平鼓闹"，亦即所谓"快鼓"和"慢鼓"，前者激烈狂热，用于催工赶时，后者舒缓悠扬，用于间歇性慢薅。演唱内容有赞古谕今的，有安神祈福的，有讽时责非的，有传教知识的盘歌，有戏谑打趣的诮语，而打闹歌中的精品，当数"冷号"中的情歌。有时还夹进地方山歌。更有根据薅草的需要及现场人们的表现针对性现编现唱的。

唱词有五字句、七字句、十字句，单句虚词拖腔，复句押韵。唱腔或蕴藉婉约，或泼辣狂放，凭打闹师傅一曲出口，叫薅草人精神倍增，前人描述打闹现场说"二人击鼓鸣钲，迭应相和，耘者劳而忘疲，其功较倍"。

二十、高杆狮舞

狮舞是中国传统的民间舞蹈，在过节的时候，各地几乎都有狮舞表演。狮舞活动绝大多数在平地上进行，而高杆狮舞，却是一种在一根竖立的高杆子上表演，动作刚劲、威猛、逼真，结合了体育及舞蹈的表演。据彭水县文化馆工作人员介绍，高杆狮舞是从彭水国家级非物质文化遗产保护项目"高台狮舞"演变而来。

彭水高台狮舞可以单狮表演，也可以双狮表演，或者大、小两头狮子参与表演。表演者模拟狮子的动作，展现其凶悍、灵敏、活跃的特性。此外，为了营造表演气氛和节奏，高台舞狮还有"响器"伴奏，打法经过历代民间艺人的传承演变，节奏既别致又撼动人心。

然而，高台狮舞对场地要求大，不可缺少的道具方桌搬运起来也不方便，对表演的完美有一定的限制。逐渐地，当地的一些狮舞爱好者，先用树干，后来用钢管，当作狮舞的空中道具。胆大心细的狮舞人在上面悬空做动作，更简练，更快捷；身着黄色服装的"狮子"在空中飘来荡去，甚是灵活。

上面每表演一个动作，下面就有人跟着喊："大鹏展翅""四角踏雪""五湖四海""七星高照""八面威风"……观众也毫不吝啬自己的掌声。

二十一、吹打玩牛

彭水苗族土家族自治县龙射镇的吹打玩牛始于清末，是一种集锣鼓、舞蹈、体育、表演、脱口秀为一体的民俗文化表现，幽默风趣，博采众长，具有较高的文化内涵、悠久的人文资源和传承价值。传承他们的第一代师傅是从太原镇朱先强那里拜师学来的，至今朱家班已传至第五代，约130年。

玩牛是寓意深刻的多人娱乐活动：一人扮演放牛大哥，另外两人在道具内扮演牛身，其他几人为锣鼓手吹打手。在具有浓郁地方特色的锣鼓声和唢呐声中，伴随着放牛大哥的逗乐、牛身的舞动、旁人的帮腔，整个玩牛现场让人忍俊不禁。

在农耕机械出现之前，耕牛一直是武陵山区耕地的得力助手，耕牛对人们的生产和生活显得极其重要。玩牛这个民俗类保护项目，表达了人们对五谷丰登、人畜平安的美好愿望。

二十二、郁山泼炉印灶制盐工艺

郁山泼炉印灶制盐工艺，清代乾隆年间由陕西人支千裔夫妇创建，后普及于郁山各灶户，世代沿袭，直至20世纪70年代。2013年，郁山古镇启动利用开发，打造中国盐浴之都，创建郁山盐业博物馆，彭水自治县文管所的文化工作者，挖掘、学习泼炉印灶技艺，组织泼炉印灶传承人恢复古盐灶，利用飞水井盐泉，再现泼炉印灶制盐技艺。泼炉印灶制盐工艺是彭水数千年制盐技艺的代表，保护和发展利用这一技艺，对于保留彭水乃至重庆市古法制盐工艺，实现彭水的"中国梦"、促进彭水文旅融合，实现彭水经济社会新的腾飞，均具有十分积极的意义。

泼炉印灶制盐工艺流程大致分为四个部分：输卤入池—泼炉印灶—掘灶制卤—入锅熬盐。首先，将卤水通过船运或竹笕等方式输送至灶房的单池类蓄卤池内。其次，当炉温升高到一定程度后，盐工便不断将单池类蓄卤池内的卤水通过竹笕或卤水沟浇淋到火膛、火道以及甑子内的土球上，经过一段时间后，土球内的盐分饱和，结成冰土。然后，将土球掘出，加工锤细成小碎块，并倒入双池类蓄卤池的前池内，将从单池类蓄卤池内引来的卤水浇淋到前池的冰土上，卤水吸收冰土内的盐分，浓度得到提高，制得的浓卤通过缺口或孔洞流入后池。最后，将浓卤舀入灶上的盐锅内熬煮成盐。

第四节 彭水县级非物质文化遗产

到 2019 年 5 月，彭水苗族土家族自治县县级代表性名录 245 项，主要代表有说淮书、金钱杆、莲花落、连箫、《吴幺姑》、蔡龙王的传说、彭水耍锣鼓、吹唢呐、任家班吹打、红门村"幺二三"鼓、娇阿依、乌江号子、诸佛盘歌、彭水土家摆手舞、诸佛甩手揖、朱砂三人花灯、彭水吊脚楼工艺、诸佛花坟、郁山嘟卷子、郁山晶丝苕粉、鹿角蛇毒疗伤、棣堂杠神等。

一、说淮书

明清以来，彭水出现了专门说淮书的人群，以历史故事编写成带有一定韵律的韵文，主要以孝道文化、彭水盐丹文化、地方民俗文化为主，他们利用农闲时节走村串户，讲解与人为善、尊老爱幼等说书活动。这些故事，亦为口头创作。

二、《吴幺姑》

《吴幺姑》是在梅子垭乡流传的"孔雀东南飞"，是一首爱情长诗，讲述的是民间女子吴幺姑的不幸遭遇和吴幺姑与杨二哥之间忠贞不渝的爱情故事。吴幺姑是一个不仅聪慧而且十分善良的美丽姑娘，善于唱山歌。她在对歌场上认识了杨二哥，两人一见钟情。而县上王知府早就看上了吴幺姑，聘请媒人提亲，在吴幺姑父母的包办下，强行将这对鸳鸯拆散。吴幺姑嫁到王家后，不忘旧情，暗地里与杨二哥来往并送戒指作为信物。不料，杨二哥下棋时不小心在王知府面前暴露了这枚戒指。

狡猾狠毒的王知府回家后假装不知，并逼问戒指的下落，借机毒打吴幺姑。聪明的吴幺姑心生一计，伺机跑回娘家，希望得到亲人的庇护。然而，她不但没有得到支持，反而被父亲责骂、嫂子责怪。万般无奈之下，吴幺姑就跑到杨二哥家商量对策。

王知府知道后，将吴幺姑强行抓回家。吴幺姑请求王知府看在夫妻份上，手下留情，不要伤害杨二哥。但杨二哥眼见心爱的人为自己遭此大难，勇敢地走到王知府家，要求替吴幺姑去死。心狠手辣的王知府乘机将二人双双捆绑后，拉到较场角，残酷地将二人杀害了。这一故事世代相传，听后不禁让人对吴幺姑深感同情，而对知府则生痛恨之心。从故事的情节和内容来看，《吴幺姑》展现了彭水女性对自由爱情的执著和对封建包办婚姻、有权有势的地方黑恶势力的憎恶。

《吴幺姑》流传于以梅子垭乡为中心的诸佛江流域。据演唱者称，吴幺姑的故事是从祖辈传唱下来的。由于诸佛江流域大山横亘世代都较为封闭，除了当地居民外很少为外人知晓。从故事讲述的历史背景和所使用的语言来看，《吴幺姑》应该是元明时期中央政府大规模"赶蛮拓业"之后在彭水本土产生并开始传唱的。

三、蔡龙王的传说

蔡龙王的传说讲述的是少年蔡小龙变龙王的故事。传说在很久很久以前，马岩山脚下的小河边住着苗家母子二人。母亲叫王贵娘，儿子叫蔡小龙。有一年，天闹大旱，乡亲们拖儿带女，衣食无着。可财主就是不发善心，还是逼着乡亲们交租。小龙为解救乡亲们，就告辞了母亲和乡亲们，找龙王菩萨求雨去。他历经千辛万苦找到了龙王菩萨，并向龙王菩萨说明了来意。按照龙王菩萨的指示，小龙回到家乡并从地里挖出了一颗宝珠，挽救了乡亲们。但是财主却想抢夺宝珠，小龙为了保住宝珠，便将其吞进了肚子里。为抢走宝珠，财主准备暗害小龙。突然一道闪电，一声雷鸣，小龙变成了条巨大的长龙，只见小龙尾巴一摆，猛地扑到河里，喝了口水，朝财主喷去，把财主卷进河里淹死了。虽然，小龙为大家求得了雨，救了大家，也消灭了财主，但是他牺牲了自己，成了龙，所以，人们都称他"蔡龙王"。后来，当地的人们一直敬献蔡龙王，以纪念小龙。生动、有趣的蔡龙王的传说，不仅真实地描述了古代彭水各族先民为追求美好生活而不畏艰辛，并与财主作斗争的故事，而且也展示了古代彭水人民坚持正义、心地善良的精神品质。

蔡龙王的传说是中国龙文化的重要组成部分，在人类学、历史学、民族学等学科领域具有一定的学术价值。龙是神灵的化身，而蔡龙王的传说中的主人公却是一个十分普通的凡人，不仅丰富了龙文化的内容，而且也给中华民族起源研究提供了特殊的研究资料。可以说，蔡龙王的传说是根植于彭水的一种文化现象，对于研究彭水古代历史文化等都具有重要参考价值和作用。

四、彭水耍锣鼓

彭水自古有盐、丹之利，开发较早。汉武帝时设县，唐置黔中道，当时集道、州、县三级治所于此，为十八州（今渝、黔、湘、鄂、桂结合部）的政治、军事、经济和文化中心。各民族长期在此杂居繁衍，相互学习交流，各民族文化及各区域文化在此汇集融合，铸就了一种"多元驳杂"的特色文化。在此背景下，彭水耍锣鼓这一民间特型器乐演奏形式便从原巫师"杠神"锣鼓"脱胎"，并吸取了巴蜀川剧及湘西挤钹技巧后演化而成。至今，耍锣鼓仍是彭水县内及周边地区最负盛名的民间打击乐之一。

彭水耍锣鼓是彭水县内各族民众在红白喜事的礼俗中不可或缺的重要演奏器乐之一。从民俗角度来看，如过生祝寿、修房造屋、娶媳迎亲、酬神赛戏、杠神缴灵、出殡送葬等活动中基本上都有耍锣鼓演出。因此，在一定意义上可以说，彭水各族人民从出生到死后入土安葬，一生都是在耍锣鼓声相伴下度过。这使得耍锣鼓成为彭水县内至今分布最广、演奏人数最多、与群众也最贴近并为群众所喜闻乐见的一个乐种之一，是不分城乡、不分民族的全民艺术。在彭水农村地区，几乎每个村子都有耍锣鼓队，甚至有的村还有几个耍锣鼓班子。

彭水耍锣鼓曲牌有单奏曲牌和套曲两类。套曲是由几支曲牌联奏的，如《座台》（又名"五接头"）、《长路引》（由《长路引》《回头》《拗七棰》《钟鼓楼》四曲牌组合）等。彭水耍锣鼓曲牌也有"专用"与"通用"之分。"红"喜会的专用曲牌，如《欢喜团》《大红花》《双飘带》《风点头》《加官头》《红绣鞋》《花牌子》《栽花》等。用于"白"喜会（吊丧送殡）的专用曲牌，如《入地眼》《仙鹤归》《心欠欠》《丰都花》《长路引》《观音坐莲台》《金银叠》《苦竹盘根》《座台》等。其余多数是通用曲牌，即无论什么场合都可用的，如《扑灯蛾》《黄莺闪翅》《狗扯腿》《牛擦痒》《八仙过海》《观音扫殿》《飞虎出林》《猛虎下山》《大滚龙》等。特地分出专用曲牌在不同性质的"红""白"喜会分别演奏，这是彭水民间艺人时代传承下来的古规。不过，这些"古规"现在已很少有人遵循，各种曲牌几乎都可通用了。

从曲牌的艺术形态与演奏风格上分,彭水耍锣鼓可分为三大类:

(1)老引子。所谓"老引子",一般是指形成时间早的,除从"端公戏"中"脱胎"出来的部分外,再加上一批早期耍锣鼓艺人(多数是"端公先生")创作的耍锣鼓"引子"。彭水耍锣鼓"老引子"曲调古朴,结构简洁,节奏平整,风格稳重。

(2)"吵吵钹",又称"插钹"。演奏时,在老引子的基础上,适时适量地增加钹的击点,即把钹的击奏速度加快,将原来只击奏八分音符改为十六分音符,使钹音出现的频率增大,就像彭水耍锣鼓添了一副"二钹",具有两钹演奏的效果。

(3)鼓引子。"鼓引子"的打法与前两类又不同:要么在锣鼓"叫起"时,要么在引子的乐句中,特别加进一些鼓点,有时用单纯的鼓点形成乐句,有时与其他三件打击乐器配合但以鼓点为主形成乐句,鼓点始终处于十分突出的地位。打鼓引子时,鼓槌有时击鼓中心,有时击鼓边,有时轻击,有时重击,有时还在右手击时用左手捂住鼓面让其发"闷声"。这鼓引子乐句中的鼓点,不论是纯用鼓单奏的,或是鼓与另几件乐器配奏的,无不变化多端,韵味无穷,因引子不同而各个有别。

上述三类,第一、二类曲牌最多,约占彭水耍锣鼓曲牌的70%左右。

彭水耍锣鼓曲牌繁多,演奏风格因传承关系和地域不同而形成了不同色彩区,主要有以新田乡任家村为中心的(任远乾)任家班色彩区;以乔梓乡高隆村(杨昌平)杨家班为中心的杨家班色彩区;同河乡谭关吉师传的青圃垭色彩区等。

彭水耍锣鼓由盆鼓、马锣子、大锣与大钹四件乐器组成。

五、娇阿依

"娇阿依"在远古开始萌生,春秋战国时期形成,宋代达到鼎盛,元、明至清初遭到破坏。中华人民共和国成立后,尤其是彭水苗族土家族自治县成立和重庆市直辖以来,各级政府十分重视娇阿依的抢救、挖掘和保护工作。1954年,彭水县组队参加在成都举办的四川民歌大赛,由任大提、任世全、张正福、马中虎等演唱的《娇阿依》获奖,并与《康定情歌》《黄杨扁担》《太阳出来喜洋洋》同被收入《四川民歌集》。1957年，彭水县组队参加四川省民歌大赛再次获奖。1984年11月10日，鞍子乡组队参加彭水自治县成立庆典文艺汇演，苗歌《娇阿依》《花线囊》不仅获得满堂喝彩，而且得到中央与会领导、专家和各新闻媒体的极高评价。此后，多次在各种级别的民歌大赛中获奖，引起民族音乐界的关注，国内众多音乐家多次前来采风创作，不少以鞍子苗歌为素材创作的音乐作品在地市及国家演出获奖。为此，鞍子乡于1995年和2000年分别被黔江地区、重庆市命名为"苗族民歌之乡"。2005年，参加重庆三峡国际旅游节展演。2008年，参加青歌赛决赛，均获得较好成绩。尤其是2006年9月，重庆市组织了一台以鞍子农民参加的以"娇阿依"冠名的节目，参加了第三届少数民族文化汇演，并获得了表演金奖。

"娇阿依"词一般七言为句，四句为段，每段分领唱和助唱，有主音，有尾调，一唱一和，一问一答。对唱时歌声洪亮如钟，低缓如烟，跌宕起伏，奇妙空蒙，令人如痴如醉，如梦如幻。"娇阿依"不仅具有鞍子民歌的特征，歌词中衬词较多，如陕北的"信天游"、青海甘肃的"花儿"一样，形成特型衬腔，而且多偏音、上下滑音、拖腔和尾音等。

"娇阿依"是彭水众多民歌曲牌的重要代表，也是流传最广、最经典的一个曲牌。"娇阿依"按当地苗语理解，"娇"代表漂亮、心仪的姑娘，"阿依"指美好和幸福，一般由6人或8人分组对唱。在鞍子当地，几乎人人都会唱"娇阿依"，几岁大的小孩耳濡目染，也会像模像样地哼几句。

唱"娇阿依"是鞍子苗民主要的娱乐方式。20世纪80年代，鞍子还保留着一年一度的盘歌会，吸引毗邻各乡民众参加。改革开放后，随着人民生活水平逐步提高，外来文化冲击巨大，电视、报纸、书籍等传播的外来文化因子也逐渐走进了寻常百姓家，盘歌受到了较大冲击。据调查，在鞍子，虽然每逢重大节日或亲朋好友聚会，"娇阿依"仍是苗族群众生活中最重要的助兴方式，但是现在能顺畅不打重台（重复）地唱上整天的艺人已经不多。

"娇阿依"为盘歌之一，盘歌即对歌，是一对或几对青年男女对唱的山歌，是他们传情达爱的载体。在彭水苗族历史上，苗族民众经过了几次大规模的"赶苗拓业"，生活苦不堪言，备受磨难。由于残酷的社会现实，苗族青年男女也不可能有自由的爱情。然而，渴望爱情的思想就像草籽，终究会坚韧地破土而出。于是在劳动之余，相互爱慕的男女青年就会挖空心思地寻找点滴机会用歌声传递爱的信息。他们即景编词，即情赋曲，源源不断地从心里淌出来，汇成山歌的海洋，从这山飘向那山，从这沟飞向那沟。他们以歌为媒，经过几次对歌后，心与心终于悄悄地融合在一起。

"娇阿依"内容广泛，形式多样。有歌颂"自为媒来自许婚"的："金竹打水细细飞，江边洗衣不用捶。细石磨刀不用水，我俩结交不用媒。"有反映青年男女初相识的："麻雀喜欢打烂蛋，初次相交心不安。心中犹如打战鼓，脸上好像火燃烧。"有表达男青年对女青年的爱慕之情的："一爱姐的好眉毛，眉毛弯弯一脸笑，像那月亮云中飘；二爱姐的好头发，梳子梳来篦子刮，梳起盘龙插金花；三爱姐的好双手，恰似荷塘出水藕，巧手一动样样有；四爱姐的好眼睛，乖脏好歹分得清，爱准小郎不变心……"有互相诘问的："天上有雨又不落，情妹有话又不说。是好是歹说一句，等我听了心底落。""久没唱歌忘记歌，久没划船忘记河，未必情妹情意浅，几天不见忘记我？"

"娇阿依"是鞍子苗歌重要代表之一。由于鞍子苗歌"娇阿依"植根苗族文化特质，并且涵化和整合了黔中、巴、楚多民族、多地域的特有民歌歌派，因而也具有不同于其他民歌的特质，这对研究彭水历史及探究民族文化融合与交流等具有重要意义。

六、乌江号子

彭水乌江船工号子是产生于乌江航运的劳动歌曲，是生活在乌江上的船工、纤夫在乌江航运劳动过程中创造的具有乌江地域特色的民间音乐，是彭水船工、纤夫劳动的产物。

乌江自古以来是连接渝、黔、湘的重要水上交通要道，两岸奇峰耸立，江面时而开阔、时而狭窄，江水时而平缓如镜、时而咆哮如雷，险滩密布。20世纪50年代以前，从涪陵到彭水再到酉阳龚滩、贵州沿河，主要靠木船运输。在急流险滩处，都要船工和纤夫上岸拉纤使木船上滩。在长年的水上生活中，穿行在乌江航道上的船工和纤夫用歌指挥拉纤，抒发个人情感，形成了凄美洪亮的乌江号子。

乌江号子为徒手歌唱，主要有桡号子、下水推桡号子、舵笼子推桡号子、驾长撑竿号子、扳桡号子、拉纤号子、横艄号子、下水号子、爪竿号子、拨岭号子、拉滩号子、拼命扎号子、水手拉纤快号子、小滩流水拉纤号子、歪屁股船拉纤号子、抬扎号子、夺夺号子、赶场船号子、厚板船号子、扯船号子、橹号、懒夫号等多种。

乌江船工号子属于高腔，高亢洪亮，多用"吆哦""吆喃""嘿""嗨"作为帮腔，演唱时以一领众和为主要形式。

七、彭水土家摆手舞

彭水土家摆手舞中的语言自然、古朴，内容充满生活气息：有以表现民族迁徙为主要内容、展现土家先民在迁徙途中的苦难历程，还有原始地模仿生产、劳作全过程的动作。现今，彭水土家族摆手舞的主要动作有：单摆、双摆、抖虼蚤、叫花子烤火、螃蟹上树、磨鹰闪翅、状元踢死府台官、播种、栽秧、薅秧、割谷、打谷、挑谷等数十个。过去，每逢农历正月初一至十五，土家山民便聚集在摆手堂或土王庙前，以粑粑、豆腐、团撒、刀头为祭品，在老土司或长者的主持下举行盛大的祭祀和摆手活动，常常通宵达旦，气氛热闹异常。在跳摆手舞时，还要伴以摆手歌，歌词内容也大多涉及民族历史、祭祀祖先和生产耕作等。

在漫长的历史进程中，彭水土家先民依靠集体的劳动和智慧战胜并改造自然，在不断创造物质文明的同时也创造了土家摆手舞这一民族文化瑰宝。可以说，摆手舞是土家先民对自然和客观世界认识的直接反映和抒发，是古代朴素唯物主义的艺术体现。摆手舞自产生以来就与土家人的社会生产、生活息息相关，密不可分，在土家文化的发展和延续中起到了不可替代的重要作用。在不断演进和发展过程中，摆手舞也形成了自身的文化特点，体现出了原生性祭祀性、民族性和群众性等特征。

1. 原生性

原生性是指土家摆手舞展现的赖以生存和传承的独特的地域特征，是区别于外来文化和其他民族民间舞蹈的重要依据。无论是古代巴人最先创造的"巴渝舞""军前舞"，还是土家先民创造和发展的"大摆手""小摆手"，都是武陵山区特定的文化产物，具有"土生土长"的特性。可以说，土家摆手舞是土家先民在认识自然、征服自然和改造自然的实践活动中，对人类的某些生存行为、民族历史、古代战争、生产生活等活动的形象总结，充分表现了土家民族的文化传统、心理素质和审美情趣。集体跳摆手舞，既是重庆土家族人情感宣泄的方式，又充分体现了他们的优秀品质，更体现了他们热情乐观、想象力丰富的浪漫主义精神。

2. 祭祀性

土家先民经历了从"图腾崇拜"到"祖先崇拜"到"土王崇拜"和"土老司崇拜"的历史过程，这几种主要的崇拜形式构成了土家文化的基本架构。作为廪君即白虎巴人后裔的土家人，因"廪君死，魂魄世为白虎"之故，最先产生了血祭白虎图腾的崇拜形式，所谓血祭即人祭，这是一种古老而残酷的崇拜形式，随着社会的进步而被"祖先崇拜"形式所替代；对"八部大王"的崇拜是祖先崇拜的主要内容。"八部大王"又称"八部大神"，传说是靠喝虎奶长大的八个神人，他们的名字分别为：敖潮河舍、西梯佬、西河佬、里都、苏都、那乌米、拢此也所也冲、接也会也那飞列也。由于他们神力无边，战功显赫，有德于民，成为土家族崇拜的远古祖先；"土王崇拜"是在土司制度实行以后才产生的一种崇拜形式，均以姓氏为纽带，具有明显的宗族色彩。

"土老司崇拜"是土王崇拜的又一形式。土老司，土家语称为"梯玛"，是土家人信奉的本民族"巫师"。土家人把"梯玛"看成是人神合一的统一体，在原始落后的社会环境下，特别是在土司制度时期，"梯玛"是土家人看得见、摸得着的崇拜对象。他头戴凤冠高帽，身穿八幅罗裙，运用八宝铜铃、牛角、司刀、卦子、令牌等法器，从事"摇宝宝""还牛菩萨愿"等法事，主持大型祭祖和摆手舞活动，以"梯玛跳神"的形式替人消灾除病，祈求吉祥。"梯玛"是土家先民进行"图腾崇拜""祖先崇拜"和"土王崇拜"的组织者、指挥者和具体实施者，作为土家文化模式的主要角色，"梯玛"在婚丧嫁娶、摆手祭祖、敬神驱邪、治病消灾、祈求幸福吉祥等社会活动中，承担着重要的社会职能。在土家地区"梯玛"享有崇高的社会地位，甚至土司们也敬畏几分。

彭水自春秋战国时期，居住在这里的廪君部落便"俗尚巫鬼"，僚人"性尤鬼神"，昔日这里"言语侏俚""连腰踏蹄""喜鬼尚巫"。毋庸讳言，在摆手舞的形式和内容中，都具有十分突出的"巫文化"色彩。"巫"的产生具有极其复杂的社会原因，它是由于人类对事物的模糊认识而产生的一种文化现象,随着社会的不断进步,这一文化现象在中原地区逐步消失,却在相对落后的武陵山区得以长期保存并渗透于各种文化形态之中。

土家先民在进行"图腾崇拜""祖先崇拜""土王崇拜"和摆手舞祭祖等活动中,都强烈地表现出了对先祖的祭祀和崇拜之情。无论是摆手祭祀歌,还是摆手舞本身都贯穿着祈求神灵庇护和祭祀先祖的主题。土家人用这种歌舞的形式来实现"娱神"和自娱的目的。

3. 民族性

土家族聚居地多江河山谷,渝东南有乌江和酉水,鄂西南有清江和酉水,湘西北有酉水和沅江,黔东北有乌江等。原始摆手舞中所展现的"围山狩猎""捕鱼捞虾"的场景,世居在乌江郁江河畔的土家人,出门是山、开门见山、开口唱山,有挥之不去的山水情结。周兴茂先生就总结了土家族聚居地的两个特点:其一,山,是土家族聚居地的主要特点,土家族世代居住在山,奔走在山,耕种在山,烧伐在山,吃喝在山,交往在山。山是土家族的宝库,因而,土家族是地地道道的山地民族。其二,土家族聚居地是四省市边区属内陆地区,这恐怕在全国少数民族地区也是少见的。正是土家族聚居地特殊的地理环境,陶冶了土家族的民族性格,培育了土家族的民族精神。

4. 群众性

作为民族民间文化艺术形式的土家摆手舞与土家人的生产、生活息息相关,因为土家人最熟知自己的生活和历史。这也是一种"劳者歌其事,饥者歌其食"的创作,客观而直接地表现了土家人的劳动和生活。这种为人民群众所喜闻乐见的民族文化形式,成为人们在祭祀、收获、节日和婚丧嫁娶等重大活动中传达感情、表达愿望和了解民族历史、学习生产、生活技能的一种方式,具有极强的实用性和群众性。

深深植根于彭水这块热土的摆手舞,是土家族民众发自内心的真实情感流露,深刻而真挚,鲜活而生动。经过千百年来的发展变迁和沉积,摆手舞逐渐成为土家族文化中的优秀叙事诗篇,具有极强的艺术感染力。巫端书先生就认为:"湘鄂渝黔边界地区及'五溪'流域土家族地区世代传承的'摆手'活动集艺术文化、民俗文化、农业文化于一炉,又融诗、歌舞、'戏'于一体,含宗教文化、稻作文化于其内,是我国南方亘古以来'蛮夷'文化的瑰宝,具有重要的文化学价值。"

作为重庆土家族聚居的重要地区，彭水土家族摆手舞也极具地域特色和民族特色，文化内涵丰富。

（1）质朴厚重之美。

彭水土家摆手舞无论是形式还是内容都十分古朴，所反映的内容涉及土家人社会生产、生活的方方面面，宏大而又精细。从形式上看，因举办时间、举办地点和祭祀主体的不同，彭水土家摆手舞又分为"大摆手"和"小摆手"两种不同的形式。"大摆手"一般为"三年两头摆"，地点大多在"大摆手堂"或"八部大王庙"举行，祭祀主体主要是"八部大王"。举行"大摆手"时，在摆手坝的中央设置丈余高的"龙凤大旗"，以示感谢"龙哺乳、凤羽温"之恩，还要在摆手场的四周插上许多旗幡，以此烘托和营造庄严、肃穆的氛围。而"小摆手"则是以村寨或姓氏为单位每年都举行的祭祀活动，一般在"土王庙"或"爵主宫"进行，祭祀主体主要是"冉、杨、田"或"彭、田、向"等三姓土司和历代先祖。相对于"大摆手"而言，这一形式更为实用、方便。从内容上看，"大摆手"主要表现人类起源、神话传说、古代战争等宏大场面，表演时手持长矛或齐眉短棍，身披"西兰卡普"，以锦代甲，其舞姿剽悍、劲勇，在中途还要穿插表演更为原始古老的土家族"茅古斯"舞，在"茅古斯"表演中除了有神话传说、祭山狩猎等主题外，还突出地表现了土家先民的"生殖崇拜"的文化现象。"小摆手"则主要表现民族迁徙和生产生活画面等，舞姿轻柔而细腻，表演时很少运用道具，也不受服饰限制，但所反映的内容十分细致，如栽秧、薅草、打蚊子、抖虼蚤、牛擦背、打糍粑等。

不管是大摆手还是小摆手，这两种形式都反映了土家先民用"一年一小摆，两年一大摆"的祭祀活动来表达对神灵的祈求和先祖的崇敬。质朴的表演形式和厚重的表演内容构成了彭水土家摆手舞极其深邃的民族文化内涵，表现了土家人对先祖的崇敬和热爱生活、战胜自然、祈求五谷丰登的朴素信念。可以说，彭水土家摆手舞具有民族色彩浓郁、形式原始古朴的显著特点。

（2）自然之美。

原始摆手舞中既有歌、又有舞，还有打击乐的伴奏，三者浑然一体，互为补充，自然流畅。《摆手歌》的演唱分为两种形式：一种由土老司演唱，歌词内容大多为祭祀先祖、民族历史和迁徙故事等，一般安排在摆手舞进行之前演唱，如《古根歌》《农事歌》等。

古根歌

讲古根来唱古根，讲起土家有原因，想起土家过去事，土家人哟泪淋淋……为了感谢先祖恩，土家人呀唱古根，山寨修建土王庙，摆脚摆手进庙庭……

农事歌

秧子嘛栽得好，大米饭吃得饱……

在表演的同时，伴以大鼓和土制大锣等打击乐器，声音浑厚、低沉，气氛庄严、肃穆。

（3）原始之美。

彭水土家摆手舞在情感的表达上十分自然、真挚，既追求生活的真实，也表现艺术的真实，土家先民从社会生产、生活的具体形态中抽象出许许多多细小而又具有某种象征意义的原始动律，直接反映了土家人的心理素质和审美情趣，是历代土家人对生产生活的形象概括和真实情感的升华，情绪自然朴实，感人至深。

八、朱砂三人花灯

花灯，俗称"叫花子戏"，是我国地方戏曲中极富特色的一个地方剧种。朱砂三人花灯是根植于郁山镇原朱砂乡的民间戏剧之一，极具地域特色和民族特色。

朱砂三人花灯与其他地方花灯戏的不同之处在于表演主角只有3个人，即旦角（花姑娘）、丑角（驼背子）和相生（大头和尚）。整个队伍还有孙猴子、掌灯童子、锣鼓师等数人。朱砂三人花灯为流动演出，表演须事先征得主人同意，演出地点限制在接帖者的庭院，多以送福纳祥为内容，表演动作滑稽搞笑，以传统锣鼓伴奏，红灯笼成对高举，孙猴子伴相可笑，整个演出喜庆热烈。

据朱砂三人花灯表演者介绍，花灯自清末民初传入。经张海清等人注入了本地色彩的内容后逐渐形成了新的地方小剧种。民国时期，表演活动频繁，人民公社化后逐渐减少。20世纪80年代以来，仅在1985年参加过区镇演出。

现今，朱砂三人花灯多为春节迎春祈福之用。整个活动包括送帖、表演两个部分。送帖由探路先锋"孙猴子"负责，主人接纳后，随即将消息通报给表演队伍。表演队伍由4名或8名童子手持灯笼在前导引，表演队伍紧随其后。

整个队伍喜庆热闹。表演角色有花姑娘（旦角）、驼背子（丑角）和大头和尚（相生）3角，均由男性扮演。表演时，在锣鼓的伴奏下，边歌边舞，从院坝玩到堂屋。表演中，"花姑娘"在扭捏作态中狐媚浪荡，"驼背子"俨然是个花花公子，竭尽能势挑逗"花姑娘"，"大头和尚"则处处维护着"花姑娘"，动作滑稽可笑。主人将预备好的赏钱搁置在堂屋中间的桌子上，表演队演出结束后，取走赏钱。

在整个演出过程中，道具也比较简单。伴奏乐器主要为民间打击乐器锣、鼓、钹等，并附以扇子、烟杆作辅助道具。

九、嘟卷子

嘟卷子分布主要以彭水自治县汉葭镇为中心，各乡镇也有少量制作和经营。彭水山区盛产蕨类植物，其块根富含淀粉和氨基酸。食之口感舒适。当地人称用这种淀粉制作的食品为"嘟粑"。善于创造的彭水人，将此淀粉制作成小吃，因用嘟粑粉制成便叫"嘟卷子"。嘟卷子配备各种佐料，麻辣酸香，口感滑腻，深受市民欢迎，每天食者络绎不绝。但蕨根淀粉毕竟有限，于是，制作嘟卷子的行家里手便用红苕淀粉替代蕨根淀粉来制作"嘟卷子"，口感也较好。

明清至民国时期，吃嘟卷子主要在郁山、汉葭两地的城镇流行。中华人民共和国成立后，特别是改革开放以来，全县各乡镇集市都有出售，嘟卷子成为彭水有名的小吃。嘟卷子分为主料和辅料两个部分。

主料制作：将蕨类、红苕淀粉调成糊状，放入锅内烙熟成薄饼卷成筒状，切成长约2厘米的短节，放入笼中蒸软备用。

辅料：主要有辣椒粉、花椒粉、胡椒粉、蒜泥、生姜水、葱花金浆、食盐、酱油、食醋、味精。

将蒸好的主料配上辅料即可食用，嘟卷子制作工艺简单，辅料搭配主要靠制作者在实践中摸索。

嘟卷子成品为褐色，绵实有弹性。配以辅料后，酸辣可口，是驱寒除湿的好食品。纯正嘟卷子的蕨类淀粉中含有人体需要的氨基酸，价值较高。

嘟卷子为彭水人民创造的一道传统的地方小吃，传承了彭水饮食文化，并具有较高的经济价值，具有一定的推广与开发价值。

第五节　彭水非物质文化遗产的保护与传承

通过彭水非物质文化遗产中心调研、收集、整理发现，彭水目前有1000余项，类型包括文学、器乐、歌曲、戏剧、建筑、雕刻、传统手工、传统医药、民风民俗、民间信仰与禁忌等各个方面，门类齐全，具有很强的地方特色。目前纳入保护与传承的县级以上项目有283项，约占彭水发现的非物质文化遗产1/3，还有700余项有待立项传承与保护。

学者黄柏权先生对土家族非物质文化遗产的抢救与保护进行过专门讨论。他认为，根据调查分析，土家族非物质文化遗产目前分为消失、濒危、变异、衰退等几种情况。因此，根据他的这种分类，笔者认为，彭水少数民族非物质文化遗产主要有发展良好型、消失濒危型与衰退变异型等三种。

20世纪90年代以来，彭水县各级有关部门不仅积极组织人员实地调查研究，而且还划拨一定的专门经费鼓励从事民族民间文化研究，编辑出版了一系列书籍、影像制品等，对民族民间文化的保护与传承起到了一定促进作用。尤其是进入新世纪以来，彭水县民族宗教事务委员会联合有关部门编制了《彭水县非物质文化目录》，并积极申报国家级、市级非物质文化遗产名录，确认了县级非物质文化名录，引起了社会各界对彭水少数民族民间文化遗产的关注与研究，也取得了一系列成果，如重新编写《彭水苗族土家族自治县概况》、出版《彭水苗族土家族自治县民族宗教志》《彭水资源环境与经济社会发展研究》等。

此外，彭水有关部门还大力招商，强化少数民族文化资源的开发与运用，大力推动少数民族旅游的发展，取得了一定的实际效果。由重庆市华丰旅游有限公司开发的阿依河旅游景区，严格按照国家4A级旅游区标准进行，融合原始自然的生态环境、峡谷风光漂流与人文民族风情为一体，重点开发了峡谷观光、民俗休闲娱乐、休闲漂流、生态养生、探险等产品，已逐渐开发成乌江画廊旅游最重要的组成部分，渝川黔湘鄂著名旅游目的地。2008年年底，阿依河旅游景区入选国家民族事务委员会批准的重庆市唯一一个"2008年全国民族文化旅游新兴十大品牌"，在重庆市巴渝新十二景评比中也名列榜首。可以说，彭水阿依河景区集奇、秀、幽、险的自然景观和神奇古朴的民族文化内涵于一身，河域自然资源丰富多彩，特色鲜明，是渝东南地区乃至整个重庆市的旅游胜地。

可见，彭水县民族文化保护与开发已经起步，并且取得了较大成效，但是，总体来说，彭水县少数民族文化的保护与开发还停留在比较浅的层次上，仅仅只是对一些民族歌舞、饮食等进行简单开发，而对民族工艺品开发、原生态民族文化旅游、民族非物质文化开发等还存在很多不足。甚至可以说，彭水少数民族文化保护与开发还处在初级阶段，仍存在很多必须予以解决的问题。

2013年以来，在彭水县委政府的重视下，县民族宗教委员会、文化和旅游委员会等机构开展了一系列保护非物质文化遗产传承与保护措施，一是非物质文化遗产进景区和社区，在景区开展系列宣传活动；二是成立非物质文化遗产研习所，有条件的非物质文化遗产传承人在研习所开展传承工作；三是非物质文化遗产进校园，开展系列活动。

在非物质文化遗产传承与保护活动中，彭水苗族土家族职业教育中心形成了具有推广意义的典型案例，取得了丰硕的成果。具体做法如下：

一、开展调研，引进人才，非物质文化遗产全面进入校园

1. 考察调研，制订民族民间文化进校园规划

非遗项目开展以来，学校分项目分别前往湖南、湖北、贵州、上海、北京、广东、河北、浙江、江苏、天津、重庆等十余省市考察学习。

为了做好民族民间文化的保护与传承，学校成立民族文化研究办公室，对彭水县少数民族民间文化现状进行调研，同时到全国各苗族聚居点全面考察学习。联合县文化委、县民宗委共同研究，查阅史料，并先后多次派遣教师深入民族民间文化特色乡镇、景点，通过实地查看，走访确定保护与传承的内容。学校与民俗专家共同制订的《彭水县职业教育中心民族民间文化进校园方案》，确定苗语、剪纸、刺绣、蜡染、扎染、民族体育（射弩、竹铃球、跆拳道、礼仪操）、民歌、民舞为民族民间文化建设内容。

2. 引进非物质文化传承人，成立建设指导委会员开展指导工作

成立以非物质文化传承人为主的民族民间文化建设指导委员会，指导学校编写建设方案；建设《民族民间文化建设指导委员会章程》《民族民间文化建设指导委员会工作制度》《大师工作室管理办法》等制度，为民族民间文化与

专业融合发展提供制度保障。

在民族民间文化进校园指导委员会指导下将民族民间文化项目编制进旅游、服装等专业人才培养方案，开发民族文化课程，开展教育教学工作并开展特色活动。

3. 开展民族民间文化与专业"五融合"

（1）民族民间文化与师资队伍融合。

学校聘请向秀平、麻兴姐、李玉珍、石建群、廖元德、周亚辉等非物质文化传承人、工艺大师进入校园成立大师工作室并担任学校相关课程教师，承担"师徒"制教学中师傅的角色，培养专业教师成为本行技艺传承人。聘请民族民间文化设计大师冯从容、田世雄、唐晓宇、熊伟创新设计民族文化产品，根据个性化需求专门定制设计产品。

其次派出学校专业教师到民族民俗文化特色区域采风，拜师学艺，提升教师个人业务水平。通过培养和吸纳名师，加强师资队伍建设，全面打造民族文化师资队伍。

（2）民族民间文化与实训实习环境融合。

民族民间文化进校园项目新改建古筝、蜡染、刺绣、剪纸、装裱、民歌合唱、苗鼓、民族服装制作等民族民间文化类实训室，新购置实训设备，用于学生实训。

新建民族文化展厅，收集民族民间文化作品、大师作品、学生优秀作品，用于保护传统民族民间文化，同时全校师生开阔视野，用于民族文化新传承人实习实训。

在蚩尤九黎城景区建立双创空间，用于民族文化学生实习，同时用于游客对民族文化的体验。

（3）民族民间文化与课程融合。

学校根据不同专业特点，将苗语、剪纸、刺绣、蜡染、扎染、民族体育（射弩、竹铃球、跆拳道、礼仪操）、民歌、民舞选择性作为公共课，利用计算机专业学生计算机操作熟练和会使用设计软件的特点，在计算机专业开设剪纸设计课；服装专业选择蜡染、扎染、刺绣与服装设计相结合；旅游类专业选择苗语、民歌与旅游导游相结合；机械类与苗鼓、苗族舞蹈相结合；跆拳道专业、国防专业与民族体育项目相结合。各专业部结合学校开设民族项目情况，选择适合开展的民族特色活动，培养民族民间文化技艺。

培养民族民间技艺新的传承人，学校与多位非物质文化传承人合作，共同开发《彭水苗族土家族日常用语手册》《阿依风情导游操作实务》《苗家刺绣》《娇阿依民歌精选》教材；新改建刺绣、蜡染、剪纸、装裱、民歌合唱等实训室，以旅游、服装专业建设为载体，学校与大师共同制订教学计划，培养民族文化新的传承人。

（4）民族民间文化与企业和地方资源融合。

学校打破传统的校企合作模式，构建地方政府、企业、学校多方参与的民族民间文化共同体。从建设示范校以来，我校分别与彭水县民宗委、县文化委、县文化馆、鞍子镇政府、湘西古歌百绘园文化传播有限公司、他蓝图时尚教育平台、九黎城文化传播有限公司等政府、企业共同打造了一个传承民族文化共同体，相互利用不同领域优势，通过不同途径宣传、保护民族民间文化，做到资源共享、共同发展的文化共同体。

政府部门在资金、资源方面向民族文化保护倾斜，加快推进了民族民间文化的建设工作。县文化委、文化馆、鞍子镇政府为学校民族民间文化师资队伍建设提供了有力保障。湘西古歌文化传播有限公司、他蓝图时尚教育平台、九黎文化传播有限公司为学校民族文化推广提供了场地、宣传推广等方面的支持。同时所有资源共建共享，共同推进民族文化传承与保护。

（5）民族民间文化与产品融合。

学生作品即产品，学生在工艺大师指导下完成作品，学校民族文化办公室设计团队对学生作品专业化设计，通过大师和设计团队对产品进行验收，合格后交由学生成立的微型企业进行销售。

学校与他蓝图时尚教育平台、湘西古歌百绘园文化传播有限公司合作注册民族文化品牌"蓝绣汝亨"，建立"汝亨苗野原创品牌生活馆"，开发并经营服装、饰品、箱包、软装等系列延伸产品，进行线下销售，同时又依托该品牌建立服装设计大师工作室课堂，带动民族民间文化专业建设与课程体系，形成品牌式的人才培养方案和教学职场。

4. 创新开展民族民间文化活动

开展民族民间文化进校园项目以来，学校重视民族民间文化活动开展。一是活动节日化，将苗年、女儿节、龙华会、社公会等苗族土家族传统节日定为学校民族体育活动周、踩花山节、民族作品展示节、艺术活动周等节日；二是积极参加各种民族文化活动，每年组织全校师生参加彭水县蚩尤祭祀大典、万人民歌会、渝东南民族旅游生态保护节、渝洽会等；三是全面开展社团素质提升活动，将民歌、民舞、竹铃球、刺绣、剪纸、蜡染、射弩等列为学生社团素质课，全面开展民族民间文化进校园。

二、彭水职业教育中心非物质文化遗产传承保护成果与成效

（一）主要成果

1. 成立大师工作室，构建培养的机制

通过近两年的探索，学校形成了民族民间文化传承人培养机制。学校打破唯文凭的教师团队，高薪聘请了6名民间技艺传承人到学校任教，成立大师工作室，制定《民族民间文化大师工作室制度》，传授民间技艺。学校将民族民间文化固化为公共课程，制订彭水苗族土家族自治县职业教育中心人才培养方案，将民族民间技艺纳入学生课程考核。对于品学兼优的学生，学校在最后一年聘为教学辅导员，逐步过渡成为民族民间文化传承人，制订《彭水苗族土家族自治县民族民间文化传承人培养方案》。民族民间为文化传承人又通过与公司合作，由公司推荐到其他民族文化合作学校担任教学辅导员，解决了学生就业与传承不可调和的问题，形成了学校特有的民族民间文化传承人培养机制。

2. 实现民族文化与专业"五融合"，提升文化影响力

民族文化与专业"五融合"，即与师资队伍、实训环境、课程、企业和地方资源、作品与产品等五个方面融合。通过民族文化与分专业"五融合"试点，取得了良好效果。2017年3月被彭水县文化委、民宗委授予"彭水县少数民族传统文化传承基地"；2017年9月被重庆市文化委授予"重庆市非遗传承教育基地"和"非物质文化生产性保护示范基地"。

在与专业融合过程中，师生对民族文化教学方法进行了创新。蜡染一直没有相关染制标准，为了改变传统教学中师生口口相传的方法，蜡染教师与学生共同实验，分别将不同比例靛蓝和添加剂进行实验，最终得出了在不同温度下染制相关数据，形成了蜡染染制标准，为蜡染教学提供了重要依据。剪纸师生在创作过程中改进了传统剪纸模式，创新了套色剪纸新的工艺，申报新工艺

专利。

3. 构建民族文化共同体，获得的成果丰硕

构建了由政府、企业、学校多方参与的民族文化传承与保护共同体。与合作企业合作注册了"蓝绣汝亨"民族品牌；学校指导，学生成立了"苗韵文化传播有限公司"；与九黎城合作创办九黎天下双创空间。

与企业、政府、学校多方组建的共同体，得到了社会、行业企业、专家的认可，教学成果显著。2017年《职业学校培养民族技艺传承人的探索实践》在重庆市教学成果评比中获二等奖；开发了《彭水苗族土家族日常用语手册》《阿依风情导游操作实务》《苗家刺绣》《娇阿依民歌精选》教材；发表《浅谈少数民族文化在中职学校的传承与保护》《着力办学理念创新，增强苗族文化自信》《民族文化牵手旅游产业，传承与市场共繁荣》论文10篇；创编了《祭》《遗风》2个原创民族舞蹈。

4. 构建研学产销一体化模式，提升文化品牌影响力

学校注重产品的研发与市场相结合，成立以冯从容、田世雄、熊伟、李玉珍、唐晓宇等设计大师、民间工艺大师为主的民族民间文化设计团队。学生在工艺大师指导下学习并完成作品，即学生作品为产品。在学校指导下，学生成立的公司与合作企业包装宣传投放线上线下市场，形成了民族文化产品研发、教学、生产、销售为一体的教学与市场融合新模式。2016年以来，学生经营的民族文化作品实体店、网店收入达20余万元，市场反应良好。

5. 创新传承同发展，注重知识产权保护

学校原创民族音乐《祭》《遗风》申报了国家知识产权保护。利用原创民族音乐《祭》《遗风》编排两个原创民族舞蹈；剪纸项目在传承基础上大胆创新，改进剪纸工艺，套色剪纸工艺取得了国家设计专利；自主创新设计的剪纸娇阿依图形也申报了国家知识产权保护；通过大师与学生共同努力，制定了蜡染工艺标准，正在申报国家蜡染工艺标准。

（二）成效及推广

1. 专业建设实力增强

目前培养了民族民间文化师资30余人，参与培养学生人数达到4000余人，

学校选拔为教学辅导员达 15 人，10 人定为民族民间文化新传承人。民族民间文化项目参加重庆市 2016 年文明风采大赛获一等奖 4 项；刘春林、罗乐两位教师参加全国服装设计大赛获银奖和最佳手工奖各 1 项；创编《祭》《遗风》2 个原创民族舞蹈分别在渝东南生态保护节上获特等奖 1 项、一等奖 1 项；特色体育项目跆拳道在近两年全国中学生跆拳道西南赛区比赛中获 10 金 14 银 24 铜，连续两年获得团体第一的好成绩；民族体育项目射弩在全国民运会中获 1 金 10 银 22 铜的优异成绩。

2. 示范辐射范围广

两年来，重庆机械校、重庆教管校、酉阳职教中心、秀山职教中心、贵州道真职教中心、西北农业大学等来校调研参观学习达 100 余次。指导酉阳职教中心、秀山职教中心成功申报第三批市级示范校。

2018 年由彭水职业教育中心牵头成立了重庆市非物质文化遗产传承与保护产教联盟，为重庆市非物质文化遗产传承与保护提供了一个交流平台。

参考文献

[1] 新华网.彭水民俗文化活动 [EB/OL].http://www.cq.xinhuanet.com/zmqnr/20141112.htm.

[2] 中国网.重庆彭水 [EB/OL].http://search1.china.com.cn/search/searchcn.jsp.

[3] 中国非物质文化遗产网.中国非物质文化遗产数字博物馆 [EB/OL].http://www.ihchina.cn/.

[4] 华觉明，李劲松.中国百工 [M].苏州：古吴轩出版社，2010:55-57.

[5] 新华网.彭水苗族土家族民俗文化 [EB/OL].http://www.xinhuanet.com/local/index.htm.

[6] 网易网.重庆彭水鞍子苗寨 [EB/OL].https://dy.163.com/v2/article/detail/ESB3EIFT05346RH8.html.

[7] 华龙网.彭水长生镇油菜花海 [EB/OL].http://cq.cqnews.net/cqqx/html/2020-03/20/content_50861729.html.

[8] 中国网.彭水旅游的发展趋势 [EB/OL].http://search1.china.com.cn/search/searchcn.jsp.

[9] 中国政府网.第二批国家级非物质文化遗产目录 [EB/OL].http://sousuo.gov.cn/s.htm.

[10] 中国非物质文化遗产网.中国非物质文化遗产 [EB/OL].http://www.ihchina.cn/.

[11] 田茂军，邓振军.湘西苗族剪纸的分类及其文化内涵 [J].吉首大学学报，2001：10-12.

[12] 邱红.西南苗族剪纸的文化内涵 [J].文艺研究，2006:04.

[13] 中国民族杂志.彭水民族文化 [EB/OL].http://fa.whcyzzs.com.cn/qikan/wszqk/

keyan/37627.html.

[14] 彭水苗族土家族自治县概况编写组.彭水苗族土家族自治县概况[M].成都：四川民族出版社，2007:204.

[15] 王希辉，安仕均等.田野图志[M].重庆：西南交通大学出版社，2012:25-26.

[16] 王希辉，安仕均等.田野图志[M].重庆：西南交通大学出版社，2012:28.

[17] 王希辉，安仕均等.田野图志[M].重庆：西南交通大学出版社，2012:31-32.

[18] 彭水苗族土家族自治县概况编写组.彭水苗族土家族自治县概况[M].成都：四川民族出版社，2007:208.

[19] 王希辉，安仕均等.田野图志[M].重庆：西南交通大学出版社，2012:54.

[20] 田阡，安世军.彭水土家族摆手探究[J].四川戏剧，2010:3.

[21] 丁世忠.重庆土家族民俗文化概论[M].重庆：重庆出版社，2006:243.

[22] 李绍明.川东酉水土家[M].成都：成都出版社，1993:217.

[23] 丁世忠.重庆土家族民俗文化概论[M].重庆：重庆出版社，2006:242.

[24] 周兴茂.土家学概论[M].贵阳：贵州人民出版社，2004:146.

[25] 巫端书.湘、鄂、渝、黔边界"摆手"活动的文化学价值土家"摆手"研究之四[J]湖北民族学院学报(哲学社会科学版)，2004:4.

[26] 彭英明.土家族文化通志新编[M].成都：四川民族出版社，2001：38.

[27] 王希辉，安仕均等.田野图志[M].重庆：西南交通大学出版社，2012:89.

[28] 杨涛源.论彭水苗族土家族自治县的民族关系[D].中央民族大学硕士研究生毕业论文，2006：18-23.

[29] 彭水苗族土家族自治县概况编写组.彭水苗族土家族自治县概况[M].成都：四川民族出版社，2007：15-16.

[30] 重庆市民族宗教编纂委员会.彭水苗族土家族自治县民族宗教志[M].重庆：重庆出版社，2003：23.

[31] 黄健民，徐之华，陈昌胜.彭水资源环境与经济社会发展研究[M].海口：中华出版社，2008：14.

[32] 重庆市民族宗教编纂委员会.彭水苗族土家族自治县民族宗教志[M].重庆：重庆出版社，2003：17.